Yazar Hakkında

Esra Ezmeci, İstanbul'da dünyaya geldi. 2008'de İstanbul Bilgi Üniversitesi İletişim Fakültesi'nin Halka İlişkiler bölümünde lisans öğrenimini tamamladı. 2011 yılında ise İstanbul Haliç Üniversitesi'nde Psikoloji alanında yeniden lisans öğrenimi gördü. Bölümünü birincilikle tamamlayan Ezmeci, ardından aynı kurumda Klinik Psikoloji üzerine yüksek lisansa başladı. Yüksek lisansın ardından öğrenimine, Adli Bilimler alanında doktora yapmak üzere devam etti.

Kariyerine İstanbul Çapa Devlet Hastanesi'nin Psikiyatri bölümünde staj yaparak başlangıç yapan Ezmeci, sonrasında uzun yıllar boyunca İstanbul Zeytinburnu Balıklı Rum Hastanesi'nde Klinik Psikolog olarak çalıştı. Ardından kendi terapi merkezini kurarak, danışanlarına profesyonel destek vermeyi sürdürdü. Bireysel danışmanlık, aile-ilişki-evlilik danışmanlıkları, ergen psikolojisi, bağımlılık tedavisi vb. alanlarda klinik hizmeti vermenin yanında özellikle "Geçmiş Temizleme Terapisi" ve konuya yönelik kaleme aldığı makaleler ve kitaplarıyla farklı kitlelere danışmanlık vermeye devam ediyor.

Uzman Klinik Psikolog Esra Ezmeci, *Süt Lekesi, Düştüğünde Kalkarsan Hayat Güzeldir, Kararı Ben Veririm* ve *Kadınlar Sıcak Erkekler Soğuk Sever* adlı çok satan kitapların yazarıdır.

DESTEK yayınları

DESTEK
MEDYA
GRUBU

DESTEK YAYINLARI: 1288
PSİKOLOJİ: 12

ESRA EZMECİ / KARARI BEN VERİRİM

İmtiyaz Sahibi: Yelda Cumalıoğlu
Genel Yayın Yönetmeni: Ertürk Akşun
Yayın Koordinatörü: Özlem Esmergül
Editör: Özlem Küskü
Son Okuma: Devrim Yalkut
Kapak Tasarım: İlknur Muştu
Sayfa Düzeni: Cansu Poroy
Sosyal Medya-Grafik: Tuğçe Budak - Mesud Topal

Destek Yayınları:
1.-75. Baskı: 2020
76.-85. Baskı: Ocak 2021
86.-95. Baskı: Şubat 2021
96.-100. Baskı: Mart 2021
101.-110. Baskı: Nisan 2021
111.-120. Baskı: Mayıs 2021
121.-140. Baskı: Haziran 2021
141.-160. Baskı: Temmuz 2021
161.-200. Baskı: Ağustos 2021
201.-220. Baskı: Eylül 2021
Yayıncı Sertifika No. 13226

ISBN 978-605-311-860-2

Abdi İpekçi Caddesi No. 31/5 Nişantaşı/İstanbul
Tel. (0) 212 252 22 42
Faks: (0) 212 252 22 43
www.destekdukkan.com
info@destekyayinlari.com
facebook.com/DestekYayinevi
twitter.com/destekyayinlari
instagram.com/destekyayinlari
www.destekmedyagrubu.com

Destek Dukkan

Deniz Ofset – Çetin Koçak
Sertifika No. 48625
Maltepe Mahallesi
Hastane Yolu Sokak No. 1/6
Zeytinburnu / İstanbul

DESTEK yayınları KARAKARGA BEYAZ BAYKUŞ genç DESTEK

Uzman Psikolog

ESRA EZMECİ

Kararı Ben Veririm

İlişkisini Yöneten Hayatını Yönetir

DESTEK yayınları

İÇİNDEKİLER

ÖNSÖZ

İlişkilerimizi anlamak, ilişkilerdeki problemleri çözmeye çalışmak hayatta en önemli konulardan biri. Peki neden kendimizi bu denli anlamaya çalışmazken, ilişkileri anlamaya bu denli çaba sarf ediyoruz? Çocukluğumuzdan itibaren bugüne dek aldığımız tüm şemaları, deneyimlediğimiz tüm duyguları, onaylanma, sevilme, değerli hissetme gibi beklentilerimizi ilişkilerimiz üzerinden yansıtıyoruz da ondan. Aslında ilişkilerimiz bir cep aynası gibi, ona baktığımızda gördüğümüz her şey bize ait. Dolaylı da olsa kendimizi görmemizi sağlıyor ancak aynadan yansıyanları okuyabilmek, değerlendirebilmek için biraz bakış açısını değiştirmek biraz derinleşmek gerekiyor.

Uzun yıllardır birlikte çalıştığım danışanlarımda gördüğüm temel sorunlardan birisi meselelerde "benlik" yerine ilişkideki sorunlara odaklanmak oluyor, oysa tüm sorunların temel kaynağı kendimizi tanımamak ve anlamamakla başlıyor. Bundan önceki kitabım *Düştüğünde Kalkarsan Hayat Güzeldir*'de kendini tanıma sanatından biraz bahsetmiştim. Kendimizi tanır ve kendimizi gerçekleştirebilmeyi başarabilirsek, kendimizdeki mutsuzluk kaynaklarını, hataları ya da eksik yanları keşfedersek, hem içinde olduğumuz ilişkileri doyumlu ve sağlıklı bir hale getirebilir hem de yeni kuracağımız ilişkilerde etkili ve akılcı tercihler yapabiliriz. "Hayatın anlamı nedir?" sorusunun türlü türlü yanıtları vardır, tam anlamıyla bunu yakalayamasak da mutsuzluk yerine mutlu, dengeli ve paylaşımcı olma yolunda gereken adımları atabiliriz.

Kadın doğası ve erkek doğası aslında hem psikolojik hem de biyolojik açıdan farklı süreçlerden oluşuyor. Bu da ilişkilerde farklı beklentilerin doğmasına sebep oluyor, yanlış ya da doğru etiketlerinden bağımsız çoğu şey kendi doğal akışında ortaya çıkıyor. Bazen bir kadın için erkeğin ne istediğini ya da erkek için kadının ne istediğini tanımlamak ve ilişkilerdeki dinamikleri belirlemek çok da kolay olmayabiliyor. Farklı kişilik tipleri, farklı biyolojik yapılar, birbirine benzemeyen zihin-düşünce üretme faaliyetleri, kişiye özel duygusal ihtiyaçlar ve eski yaşantıların etkileri ilişkinin doğasını yönetiyor. Kişi eğer bu durumda kendini de tanımazsa ilişkinin içinde daha fazla bocalıyor.

Bu kitapta aslında bu dinamikleri anlatmak istedim. İlişkilerimizin içindeki eksikliklerden, onlarla nasıl başa çıkabileceğimizden, nasıl davranırsak nasıl bir sonuca ulaşabileceğimizden bahsettim. Cinsiyetlerin farklı bakış açısına göre olaylara ve durumlara nasıl farklı tepkiler gösterdiğini, hangi durumda nasıl davranırsak koşulları daha iyi ve başarılı bir şekilde yönetebileceğimizi, örnekler üzerinden farklı ilişki dinamiklerini ve nasıl bir yol izlemeniz gerektiğini anlattım.

Benim için öncelik, var olan bir ilişkiyi düzeltmektir, yani yeni bir arayış içinde olmak değildir. Önceliğimiz neye sahipsek onu düzeltmek olmalı, teldeki kuşa değil eldekine bakmalı. Ondan sonraki aşamada sahip olduklarımız her türlü çabamıza rağmen bizi mutlu etmiyorsa, o zaman farklı deneme yollarına gitmeli. İlişkilerde de modern insanın çaresizliğine yenik düşüp her şeyi tüketmemeli, onarmayı, iyileştirmeyi de düşünmeliyiz. Her zaman söylediğim gibi ilişkilerin kurulma nedeni aslında bizim hayatta bir ilişkiden pek çok beklentimizin olmasıdır. Peki beklentilerimiz nelerdir? Sevmek, değer görmek, kendimizi değerli hissetmek, bu dünyada birileri tarafından zorunluluk olduğu için değil sırf kendimiz olduğumuz için koşulsuz sevilmek, talep edilmek, onaylanmak, istenilmek ve yalnızlığımızı paylaşmak. Burada aslında en önemlisi yalnızlığın paylaşılması. Bunun için de karşımızdakine güvenebilmemiz, kendimizi karşımızdakine açabilmemiz, ona bağlanmamız ve aslında hepimizin sahip olduğu zayıf noktalarımıza rağmen kendimizi ortaya koyabilme becerisini göstermemiz gerek. Ve tüm bunları yaptığımız için de yargılanmamak...

Her türlü ilişki risk barındırır ancak karşılığında alacaklarımız pahasına bu riski üstlenmek isteriz. Gerçek ilişkilerde, karşımızdakini önemsemek vardır. Onun neye kırılabileceğini, onu nelerin üzebileceğini, neyi istediğini ve nelerin onu mutlu edebileceğini bilmek ve bu durumu ilişkilerde önemsemek, buna göre davranmak aslında gerçek sevgidir. İnsan gerçekten sevgiyi hissettiğinde, karşısındaki kişinin mutluluğuyla da mutlu olur. Eğer zamanla bu önemseme azalırsa, değersizlik duyguları oluşur ve ilişkiler bozulmaya başlar.

Dengeyi sağlayacak olansa sizden başkası değildir. Terazinin kefesine canla başla koymaya çalıştıklarınız işlerin daha da sarpa sarmasına yol açmaktan başka şeye yaramaz. Kendinizden ödün vermeniz, aşırı fedakârlıklar çözüm değildir. Asıl yapmanız gereken kendi merkezinize gelmeniz, ipleri elinize almanızdır. Kendi doğanızı tanımak, ilişkilerin formülünü çözmek karar verme mekanizmanızın birer yakıtıdır. Doğru araçları kullanarak size dayatılanı değil yaşamak istediklerinizi yaşayabilirsiniz ancak.

İnsanız ve sevgi gerçekten en önemli besinimiz. Kendimizi sevdiğimiz gibi karşımızdaki insanı da sevmeliyiz. Karşımızdaki insanın bizi sevmesini de kendi değerimizi korumakla başarabiliriz. Seviyorsanız, sevginize sahip çıkın ama kararlarınıza sahip çıkmayı da unutmayın.

SAĞLIKLI İLİŞKİLER NEREDE BAŞLAR?

İlişkilere dair okumalarımızı bugün pek çok alan üzerinden yapıyoruz, psikoloji, evrimsel psikoloji, antropoloji, kimya ve diğer bilim dalları... Üstelik sadece anlamakla kalmıyor bu konuyu işliyoruz da, sanatın, edebiyatın, şiirin, sinemanın konusu haline getiriyoruz. Herhalde hayatımızın büyük bir kısmı ilişkilerimiz üzerinden şekilleniyor dersek abartmış olmayacağız.

Mağaradan bugüne değişen çok şey var ama güven ihtiyacımız, sosyal bağlar kurma çabamız, paylaşım her zaman var olan olgular. Ailemiz, iş arkadaşlarımız, sosyal çevremiz ve yaşantımızdaki özel insanla kurduğumuz ilişkilerle var oluyor, tamamlanıyor ve büyüyoruz.

Peki nasıl oluyor da ilişkiler bugün insanların psikologlara, psikiyatrlara gidip danıştığı ilk üç konunun içinde yer alıyor? Neden bu kadar merkezimizde ve dahası çözülemeyen şey ne?

İnsan doğasının karmaşıklığı ilişkilere sirayet ettiğinden olsa gerek bizler ilişki meselelerini bu denli konuşuyoruz. Kurduğunuz her ilişkiyi yeni bir defter gibi hayal ettiğinizde bu deftere yazmaya başladığınız hiçbir satır kendi geçmişinizden bağımsız kalamıyor. Yani aslında sizin boş sandığınız defter epey dolu. Çocukluk anılarınız, travmalar, şablonlar, toplum kuralları, inançlar ve daha pek çok şey görünmez hayaletler olarak etrafınızda, benliğinizde, psikolojinizde uçuşup duruyor. Siz fark etmeseniz de bıilinçdışınızda hazırlanmış bir kurgu mekanizmasının dışavurumlarını izliyorsunuz çoğu zaman. Bu yüzden insanı kendisini tanımaya yönelten psikoloji çok önemli bir hal alıyor.

Pek çoğumuz ilişkimizi tek başımıza yaşayamıyor ve kurgulamıyoruz. Kendimizde olduğuna inandığımız kontrolü çoğu zaman yakalayamıyoruz. İşte sağlıksız ilişkiler tam da bu noktada başlıyor.

Sağlıksız ilişki sizi pek çok anlamda mutsuz eden ilişkidir. Bağımlılık, kıskançlık, sevgi ve saygının yoksunluğu, korku, saplantı, aşağılama, acı çektirme gibi olumsuz duygu ve durumların söz konusu olduğu ilişkiler sağlıksız ilişki modelleridir. Ne yazık ki pek çok insan bugün bu durumları ilişkilerin doğal birer parçası gibi görme eğiliminde oluyorlar. Bir süre sonra ise ruhsal ve psikolojik açıdan tükenmiş bir hale geliyorlar.

Hayatımıza aldığımız her insanla bir parçamızı besletmek ve büyütmek isteriz, yaşamına dahil olduklarımızda da biz aynısını yapmayı umarız. İlişkilerin nihai amacı mutlu olmaktır. Ancak ilişkilere dair yanlış inanç ve kabuller bu mutluluğu gölgeler.

İlişkiler dendiğinde tartışılan başlıklardan biri de kadın ve erkek doğası oluyor. Kadınlar şöyledir, erkekler böyledir benzeri pek çok şablon ve yanlış akıl yürütmelerine denk geliyoruz. Elbette dişi ve erkek enerjilerini reddetmemiz imkânsız, her cinsin kendi doğasından kaynaklanan ihtiyaç ve beklentileri var. Fakat ilişkiler sadece bununla sınırlı değil, anlaşılmak istenenleri buraya hapsetmek çözümsüzlükten başka bir şey yaratmaz. İlişkiler pek çok şeyin harmanlandığı kompleks canlılar gibidir. Bir bebeğe benzetecek olursanız iki kişinin özelliklerini alan ama kendi ihtiyaçlarını yine de kendi belirleyen bir bebek gibi düşünebilirsiniz. Bu yüzden her ilişkinin doğası farklıdır derim ben, özel ihtiyaçları vardır ancak yine de belli temel gereksinimleri olduğu kesin. Nasıl ki bir bebek acıktığında mamaya ihtiyaç duyuyorsa ya da uykusu geldiğinde şefkatli bir kolla sarılarak uyuyorsa...

Bu kitaptaki bilgiler her ilişkinin özgün doğasının farkında olarak var olan ilişkinizi sağlamlaştırmak, yeni kuracağınız ilişkilerde kısırdöngülerden kurtulmak, acı veren değil sevgi ve güven dolu ilişkileri yaşamınıza var etmek üzere öneriler içeriyor.

İlişki yönetmek bir sanattır, en az kendinizi tanımak kadar önemli bir sanat. İlişkiler nerede başlar derseniz kendinizi tanıdığınız noktada başlar diyebilirim. İnsan kendi merkezinde durduğu bir dünyadan bakar çevresine. Aldıkları da verdikleri de buna göre şekillenir. Bazen sevgi sunar bazen korku, bazen genişler bazen sıkışır.

Hayata nasıl bakarsanız ekleyeceğiniz her yeni şeyi de ona göre seçersiniz. Yeni bir evi eşyalarla döşediğinizi hayal edin. Pek kullanışlı olmayan küçük odaya göre bir koltuk almanız gereklidir. Ya da salonunuzun kör bir duvara bakan pencerelerini kapatmak için ona uygun boyutlarda perdelere ihtiyaç duyarsınız. Bu ev sizin geçmişinizden gelen şablondur. Ve siz ekleyeceğiniz her yeni eşyayı bu eve göre seçer ya da sınıflandırırsınız. Sonra bir bakarsınız ki hiç de hoşunuza gitmeyen nesneler doldurmuş dört bir yanınızı. Hareket etmekte zorlanırsınız, eşyalara çarpar, kırar dökersiniz. Bir süre sonra da bu evde olmak sizi mutlu etmeye yetmez. Meseleyi eşyaları değiştirmekte ararsınız. Yeni bir koltuk, yeni perdeler midir çözüm? Yoksa evi değiştirmek mi? Daha ferah bir ortam yaratmak, gökyüzünü görebileceğiniz pencerelere sahip olmak imkânsız mıdır?

Neye inanıyorsanız onu hayatınıza alırsınız. Kendinize nasıl davranıyorsanız insanlar da size öyle davranacaktır. Değersiz olduğunuzu düşünüyorsanız size bunu hatırlatacak insanları, sevilmeye layık olmadığınızı düşünüyorsanız sizi gerçekten sevmeyecek birini alırsınız hayatınıza. Üstelik bu durumun faturasını karşı tarafa kesersiniz. "Neden beni sevmedi, neden beni istemedi ya da neden sürekli kavga ediyoruz?" sorularının cevapları kapısını bir türlü kapatıp çıkamadığınız bu evde gizlidir.

Kendinize yeni bir ev inşa etmek ise asla imkânsız değildir.

Kendinize sıkça neden mutsuzum diye soruyorsanız, yaşadıklarınızı hak etmediğinizi düşünüyorsanız, dahası mutlu olmaksa tek arzunuz aynaya bakma vakti...

Sağlıklı ilişki kendinizi bulduğunuzda başlar.

Sağlıklı ilişki kendinizi olduğunuz gibi var edebildiğinizde başlar.

Birinci Bölüm

İlişkinizi Anlamak ve Yürütmek

"İlişkisini yöneten hayatını yönetir."

Onu Nasıl Mutlu Ederim?

Mutluluk hemen hepimizin kovaladığı şeylerden biri. İşimizde, ailemizde, sosyal çevremizde, bazen de tek başımıza bir köşe başında kurulduğumuz kafede içtiğimiz sıcak çayda bile bir yudum mutluluk arıyoruz. Binlerce yıldır bilimadamlarından filozoflara, yazarlardan sanatçılara kadar pek çok kimse tarafından tarif edilmeye çalışılmış bir kavram olarak karşımıza çıkıyor mutluluk.

Nedir peki mutluluğu bu denli sorgulamamıza neden olan şey? Tam bir tarifinin yapılamaması mı? Görünmezliği mi yoksa büyüsü mü? Antik Yunanlı filozof Epikür mutluluğun denge ve uyumdan geçtiğini söyler örneğin. Hatta ilişkilerde mutluluğun aşktan değil arkadaşlıktan geçtiğini ifade eder. Nietzsche'ye göre ise her an sona erebilecek, geçici bir haldir, bu yüzden de sürekli mutluluğu kovalamak boşa bir çabadan ibarettir. Arthur Schopenhauer ise *"Mutluluk kendi kendine yetebilmektir"* der.

Sokakta yürürken önümüze çıkan insanlara "Mutluluk nedir?" diye sorsak onlardan da farklı yanıtlar alırız muhtemelen. Çünkü herkesin mutluluk tarifi farklıdır. Kimisi başarılı bir yaşamla mutlu eder kendisini, kimisi de huzurlu bir yuvada...

Mutluluğun sırrı bize göredir. Nereden baktığınıza göre değişir. Mutluluğun büyüsünü görmek için ona denk bir ruh halinde olmak gerekir. Hiçbir şey tek başına iyi ya da kötü değildir. Onu tanımlayan şey sizin bakış açınızdır. Bizi mutlu eden şey bir şeyin sahibi olmak değil, tadına varmaktır.

Ancak söz konusu olan şey "ilişkide mutluluk" olunca belli bir çerçeve çizmek de gereklidir. İster yeni başlamış bir ilişkide ister daha uzun bir beraberlikte olsun mutlu bir ilişki inşa etmek için bazı özel dinamikler söz konusudur.

Nasıl oluyor da bazı çiftler hâlâ ilk günkü kadar heyecanlı ve mutlular diye kendinize soruyor olabilirsiniz. Sizce bu şansla mı ilgili? Bana sorarsanız bunun tamamen şansla ilgili olmadığını söyleyebilirim. Bazı önemli noktaları dikkate alarak ilişkinizde bağlılığı artırmanız ve partnerinizi mutlu etmeniz mümkün:

➢ ***Ona iltifat etmekten kaçınmayın.***

İlgi gösterme, beğeniyi ifade etme sadece kadınlara yönelikmiş gibi bir algıya sahibiz. Ancak kadınlar kadar erkekler de iltifat beklerler ve görmekten çok hoşlanırlar. "Bugün çok hoşsun", "Her zamanki gibi çok şıksın" ya da "Ne kadar çekici ve güzel kokuyorsun" gibi cümleler hem partnerinizin hoşuna gider hem de gururunu okşar. Bazen kendimizle ilgili güzel şeylerin bize hatırlatılmasına da ihtiyaç duyarız öyle değil mi? Beğenilmek, çekici bulunmak ilişkinizi daha canlı hale getirmek ve karşılıklı olarak mutlu hissetmek adına çok önemlidir.

➢ ***Onu takdir edin.***

Hayatınızdaki insanın ne işle uğraştığının bir önemi yok, her ne yapıyorsa yapsın onun işini, başarısını ve çabasını takdir ettiğinizi söyleyin. Hepimizin motivasyona ihtiyacı var ve en çok da yakınımızdaki insanlardan bunu bekleriz. İlgisinden hoşlandığımız birinin bizi takdir etmesi sadece motivasyon vermekle de kalmaz ilişkide bir tutkal vazifesi görerek sizi birbirinize bağlar. Yaptığı şeyin ne kadar zor olduğunu gördüğünüzü ve tüm bunların üstesinden geldiği için ona hayranlık duyduğunuzu ifade etmekten çekinmeyin.

➢ ***Yalnız kalmasını ve kendine zaman ayırmasını destekleyin.***

Mutlu bir ilişkinin en büyük sırrı ilişki içinde her iki tarafın da kendine alan yaratabilmesidir. Bu alanları nefes alma odaları gibi düşünebilirsiniz. Ne yazık ki ilişki içinde buna ihtiyaç duyduğumuz halde korku ya da bağımlılıktan dolayı hem kendimize hem de karşımızdakine bu özgürlük alanını açmaktan kaçınırız ve neticede ilişkide solunum yetmezliği yaşamaya başlarız. İlk başta zor gibi gelse de hem kendiniz hem de partneriniz için özgürlük alanları yaratmaya çalışın. Bu zaman dilimlerinin onu sizden koparacağını ya da uzaklaştıracağını düşünmeyin, aksine bunun sizi birbirinize daha da yakınlaştıracağını ve onu mutlu ettiğini göreceksiniz.

➢ ***Onunla birlikte olduğunuz zamanlarda telefonunuzla daha az ilgilenin.***

Neredeyse bedenimizin ayrı bir uzvu haline gelmiş telefonlarımızdan uzakta yaşamak imkânsız gibi değil mi? Ancak sevgilinizle baş başa vakit geçirdiğiniz anlarda ekrandan ziyade onun gözlerine bakmanız daha mühim. Hele ki beraber geçirdiğiniz vakit kısıtlıysa, tüm gün iş ve diğer şeylerin telaşının ardından yorgun argın buluşmuşsanız dış dünyanın sesini kapatma vakti gelmiş demektir. Çok acil olmadığı müddetçe her şey bekleyebilir. Sevdiğiniz insanla beraber geçireceğiniz her "an" kıymetlidir. Onunla sohbet etmek, film izlemek, yemek yapmak değerli ve mutlu anları çoğaltmak ilişkinizi güçlendirir.

➢ ***Kendiniz için bir şey aldığınızda onun için de bir şeyler alın.***

İlişkide incelikli düşünmek güzeldir. Sadece özel günlerde değil diğer zamanlarda da sevgilinizi değerli ve özel hissettirmek adına ona ufak hediyeler alabilirsiniz. Üstelik bunların çok pahalı ve gösterişli olması da gerekmez. Kendiniz için alışveriş yaptığınızda onu da unutmayın. Örneğin evinize kahve aldığınızda mutlaka ona da alın hatta ona sormayın bile. Ya da dolabında ya da günlük eşyaları arasında onun ihmal ettiği eksik bir şeyini tamamlamak, salonunda sizi hatırlatacak güzel bir saksı çiçeği ile karşısına çıkmak ya da ne zamandır gitmek istediği bir filme bilet almak sizin ne kadar özenli olduğunuzu da ona hatırlatacaktır. Basit bir hediye bile sihirli etkiler yaratmaya yeter.

➢ ***Gözlerine bakın ve onu sevdiğinizi söyleyin.***

Sağlıklı bir ilişkinin hamurunda üç şeyin varlığı temeldir: sevgi, saygı ve güven. Sevildiğini hissetmek gurur okşayıcıdır, değerli hissettirir ve ilişkinizin daha da güçlenmesini sağlar. İçinizden geldiğinde partnerinizin gözlerine bakmaktan ve onu ne kadar sevdiğinizi söylemekten çekinmeyin.

Eşimle, Sevgilimle Konuşmak İstediğim Zaman Neden Benden Kaçıyor?

"Konuşmamız lazım!" Bu cümle arkasından büyük bir fırtınanın geleceğini haber veren gök gürültüsünü andırmıyor mu? İyi bir iletişimin bazı sihirli formülleri vardır. Konuşma esnasında sözcükler kadar beden dili de önemlidir. Ne söylediğinizden çok nasıl söylediğinizdir önemli olan.

Kadınların iletişim kurma isteği ne yazık ki kötü bir etiketle tanımlanır: "Dırdır yapmak!" Yapılan araştırmalara göre kadınların günde ortalama 20 bin, erkeklerinse ortalama 7 bin kelime kullandığı görülmüş. Evrimsel olarak kadınların iletişim konusunda daha erken geliştiği, kız çocuklarının oyun oynarken erkek çocuklarına göre dili daha çok kullandıkları biliniyor. Toplumbilimcilerin çalışmalarına göre erkek ve kadınların dil kullanımı ve iletişim kurma şekilleri arasında ortaya çıkan farklılıkların temelinde ise evrimsel süreçler kadar toplumsal değer yargıları ve cinsiyete bağlı rol beklentileri de etkili oluyor. Kadınlar iletişimi arkadaşlık ve anlaşılma üzerine kurarken erkeklerin iletişimde hiyerarşik davrandıkları öne sürülen savlar arasında. Yani bir erkek iletişim kurarken de üstünlük sağlamak istiyor. Elbette bu sav yaşa, eğitim durumuna, içinde bulunulan kültüre göre değişiklik gösteren bir durum ancak Türk kültüründe kadın ve erkeğin yaşam içindeki rollerini belirleyen atasözlerimize kadar girmiş bazı yargılar var. Özetle söz konusu kadın ve erkek iletişimi olunca biyolojik ve toplumsal pek çok faktör devreye giriyor.

Çiftlerin ortak bir gerçekliği inşa etmesi için iletişim kurması kaçınılmaz. Ancak her iki taraf açısından iletişim kurmanın farklı beklentilerle gerçekleştiğini de söyleyebiliriz. Farklı araştırmalar bu konuda değişik tezler ileri sürse de genel olarak erkeklerin ve kadınların bazı durumlar karşısındaki davranışları ve tavırları konusunda bazı genellemeler var.

Örneğin:

- Kadınlar üzüntülü olduklarında kendilerini iyi hissedebilmek için konuşma eğiliminde olurlar. Buna karşılık erkekler susmayı tercih eder.
- Kadınlar yüksek sesle düşünürler.
- İçtenlik ve paylaşımın artması için kadınlar konuşma ihtiyacı hisseder. Böylelikle yakınlık kurma ve yalnız hissetmeme isteği onları konuşmaya iter.

Erkeklere yönelik olarak iletişim kurma pratikleri ile ilgili ek bir parantez daha açmak istiyorum. Erkekler hislerini ifade etmek, sorunlarını paylaşmak ve hatta güzel bir haberi bile söylemek konusunda kadınlara göre daha fazla enerjiye ihtiyaç duyarlar. Bu tip bir şeffaflık onlar için kendilerini riske atmakla eşdeğer algılanır. Kadınlar açısından ise konuşmak onların daha güvende hissetmesini sağlamanın bir yoludur. Bu yüzden genellikle bir sorun ortaya çıktığında kadınlar konuşmaya daha istekli davranırlar. Bir anlamda kendi içlerinde çözemedikleri mevzuların ve korkuların üstesinden gelmenin bir yoludur konuşmak.

Eşinizle ya da sevgilinizle ters düştüğünüzde ya da bir sorun hakkında konuşmaya kalktığınızda kaçıngan bir tavırla karşılaşmak can sıkıcıdır. Konuşmaktan kaçmak, sorunların çözümünü ertelemek sağlıklı iletişimin yolunu tıkar. Ancak bir de meselenin bilimsel boyutları var, bir şekilde orta yol bulunacak.

Sürekli tartışmak ve sürekli problemler üzerine konuşmak ilişkinizi korumak adına iyi bir yol değildir ancak mevcut sorunların üzerine hiç konuşmamak ve çözüm yollarını açmamak da en az bunlar kadar kötüdür. Bunu ilişkinizin ortasına gelip oturan bir file benzetebilirsiniz, herkes fili görüyor ama hiç kimse fil hakkında konuşmak istemiyor, hatta fil yokmuş gibi davranıyor...

Özellikle erkekler kadınlara nazaran problemler üzerine konuşmaktan daha çok kaçan taraftır. Genellikle de kadın cephesinde meseleler büyür ve bir anda patlayarak ortalığa saçılır. Öfke patlamaları tartışmaları amacından uzaklaştıran ve kırıcı olabilen manzaralar ortaya çıkarır. Bunları engellemek için neler yapacaksınız?

- ***Yumuşak başlangıçlar yapın.***

Herhangi bir konuda fikir beyan ederken yumuşak bir şekilde başlayın. Ne kadar yumuşak ve sakin bir tonla konuşursanız karşınızdakinin sizi dinleme isteği de o denli yüksek olur. Sert sözlerle konuşmaya başlamayın, ilk cümleleriniz direkt suçlayıcı ifadeler barındırmasın. Öncelikle olumsuzluklardan bahsetmek yerine olumlu noktalardan bahsederek konuşmaya başlayın. Örneğin "Seninle vakit geçirmeyi çok seviyorum, bana iyi geliyorsun ancak senden haber alamadığımda merak ediyorum ve endişeleniyorum" ya da "Seni seviyorum ve bunu sana doğru bir şekilde aktarabilmeyi diliyorum, bu karar hakkında ne hissettiğimi seninle açıkça paylaşmak istiyorum çünkü bu benim için çok önemli", "Bu konuda senden farklı hissediyorum ve yine de konuşmaya devam edersek yaşadıklarımıza bir şekilde çözüm bulabileceğimize eminim" gibi cümleler kurmak karşınızdakinde empati uyandıracak ve karşılıklı bir iletişim için köprü olacaktır.

Negatif tavırlar ve sözcükler karşı tarafın savunma mekanizmalarını çalıştıracağından mümkün olduğunca pozitif ve sakin konuşun.

- ***Tartışmaya ara verin.***

Konuşma esnasında hararet yükselir ve tartışma başlarsa ara verin. Her iki taraf açısından da durum sinirleri zorlamaya başladığında bir süre susmak, sakinleştikten sonra konuşmaya devam etmekte fayda var. Çünkü öfkeli olmak konuşmanın odağının kaybolmasına yol açar, söylenmek istenenler yanlış anlaşılabilir ve çözüm zorlaşabilir. "Zor bir konuşma yaptığımızın farkındayım, belki biraz ara verip üzerine akşam yemeğinden sonra konuşalım mı?" şeklinde izin isteyin ve daha sağlıklı bir iletişim için zaman yaratın.

- ***Zamanlamayı iyi ayarlayın.***

Konuşma yapacağınız zamanı ayarlamanız çok önemlidir. Özellikle yoğun geçen bir günün ardından yorgun argın eve gelmiş biriyle problem çözmeye çalışmak çok sağlıklı olmayacaktır. Bu yüzden meseleleri kendi içinizde büyütmeden sakince ve rahatça konuşabileceğiniz zamanı kollayın. Gergin, mutsuz, yorgun hissedilen bir gün yerine daha iyimser duyguların içinde olduğu bir zamanı seçmeniz karşı tarafa duygu ve düşüncelerinizin daha iyi bir şekilde geçmesini sağlar. Meşgul olduğu zamanlarda konuşmaya çalışmayın. Örneğin maç izlerken ya da evin kirasını yatırırken söyledikleriniz havada buharlaşabilir.

- ***Saygı gösterin.***

İkinizin de iki ayrı karaktere sahip olduğunu unutmayın. Kadınların ve erkeklerin düşünme biçimleri birbirinden farklıdır. Her konuda ortak fikirde olmanızı beklemek saçma olur, herkesin her konuda farklı değer yargıları olabilir. Her şeye aynı pencereden bakmıyor oluşunuz sizi kızdırmasın ya da hayal kırıklığına uğratmasın. Öncelikle durumun doğal bir sonuç olduğunu kavrayın ve reddedici bir tavır yerine daha kabullenici olun. Saygı çerçevesini aşmamaya özen gösterin. Ne kadar sinirlenseniz de kırıcı laflar etmekten uzak durun. Abartılı ve agresif tavırlar sergilemeyin. Bağırmak, duygusal şantaj yapmak, sinir krizi geçirmek veya ayrılmakla tehdit etmek gibi aşırı davranışlar çoğu erkek tarafından olumlu karşılanmaz. Bu tip davranışlar ilişki için son derece zarar vericidir.

- Sürekli tekrar yapmayın, bir süre sonra karşınızdakinin konuya duyarsızlaşmasına neden olursunuz. Makul zamanlarda makul bir şekilde kendinizi ifade edin.

- Dinlenmediğinizi fark ettiğinizde konunun sizin için önemli olduğunu belirtin. İlgisini ve odağını size yöneltmesini sağlayın.

- "Tatlım, takdir edilmediğimi ve benimle hiç ilgilenmediğini hissediyorum. Günde on iki saat çalışıyorum, evi temizliyorum ve çocuklarla ilgileniyorum. Bu beni yoruyor, lütfen benimle ilgilenir misin veya bana yardım eder misin?" Erkeklerin böyle bir konuşma başlangıcına kayıtsız kalmaları çok zordur. İstediğiniz şeylerin nedenlerini mutlaka açıklayın.

- Suçlayıcı bir tavırla karşılaşan her erkek kendini kapatır. "Sen zaten beni anlamazsın, zaten senin umurunda mıyım?"

gibi yargı cümleleri yerine "Birbirimize odaklanmak için neden biraz zaman yaratmıyoruz, buna ihtiyacımız var sanki..." demeyi seçin.

- Eğer konuşma ciddi bir konu üzerineyse, dinlemesi gerektiğini ona açıklayın.

- Erkeklerin konuşmada en çok tahammül edemedikleri şey konuyu dolandırarak anlatmaktır. Söylemek istediğiniz şeyi dolandırmadan, direkt ve açık bir şekilde söylediğinizde sizi dikkate almaları daha muhtemeldir. Erkekler kadınlara oranla daha doğrudan bir iletişime açıktır.

İlişkimi Kaybetmeden Ona Nasıl Alan Açabilirim?

İlişki içinde kişisel alan yaratmak ustalık gerektirir. Herkesin beklentisi farklı olacağından bu mesafeyi iyi ayarlamak ve ilişki içinde de korumak gerekir. Birinin daha çok alana ihtiyaç duyması daha az sevdiği anlamına da gelmez, bunu iyi okumak gerekir.

Her ruh kendini dinleyebileceği boşluklara ihtiyaç duyar. Sağlıklı bir zihin ve ruh sağlığı için bu çok doğal bir ihtiyaçtır. İçinize dönmek, kendinizi gözen geçirmek, hayattaki beklentilerinizi ve hedeflerinize odaklanmak için kendinize zaman ayırmak istediğinizde bunu açık bir şekilde ifade edin.

Önceki ilişkilerinizde deneyimlemediğiniz bir şeyse özellikle kendine daha çok zaman ayırmak isteyen bir partner sizi endişelendirebilir ancak bunda endişe duymanızı gerektirecek bir durum yok. İki farklı insanın birlikteliği hayatın geri kalanının görmezden gelinmesi demek değildir. Özellikle bazı kişilik yapısındaki insanlar için özel alan kişisel bir zorunluluktur.

Psikolojideki iki tip insandan söz etmek gerekir burada: içedönükler ve dışadönükler. 1923 yılında ilk kez Jung tarafından kullanılan bu terimler bize iki farklı davranış ve düşünme şeklini açıklar.

Jung'un bu iki temel karakter özelliğiyle ilgili yaptığı en önemli saptama, içedönük kişilerin enerjilerini yalnızken aldıkları, dışadönüklerin ise, çevrelerinden ve ilişkide oldukları kişilerden aldıklarıdır. Jung zamanında bir üçüncü grubun da var olduğunu ve bu grubu motive edenin kendi içinden mi, yoksa çevresindeki insanlardan mı geldiğini saptamanın pek de kolay olmadığını söylemiştir. Bu üçüncü grubun sayıca diğer iki gruba göre daha fazla olduğunu ve sivrilmemiş normal insanların sıklıkla bu kategoriye girdiğini söyler.

İçedönük kişiler, enerjilerini kendi içdünyalarından aldıklarından yalnız kalmaya pek çok insandan daha çok ihtiyaç duyarlar. Konuşmak, sosyalleşmek onlar için her zaman ihtiyaç değil gerektiğinde yapılması gereken şeylerdir. Asosyallikle ya da çeşitli kişilik bozukluklarıyla karıştırılan içedönüklük bir karakter tipidir. Onlar asosyal değildir seçici sosyaldirler. İçedönükler aynı zamanda iyi birer gözlemcidirler ve yaratıcı süreçlerde çok başarılı olurlar.

Sessizlik: Susmayı Beceremeyen Bir Dünyada İçekapanıkların Gücü kitabının yazarı Susan Cain bakın onları nasıl özetliyor:

"Sanılanın aksine içedönük insanların sosyal becerileri gelişmemiş değildir. Onlar da sosyalleşmekten zevk alabilir fakat sonrasında pijamalarını giyip evlerinde huzuru yakalamak isterler. Zamanlarını harcamakta çok titiz davranırlar ve sosyal enerjilerini genellikle yakın arkadaşlarına, meslektaşlarına ve ailelerine adarlar. Konuşmaktan çok dinlerler, konuşmadan önce düşünürler ve çoğu zaman kendilerini yazarak ifade etmekten hoşlanırlar. Yüzeysel sohbetler yerine derin sohbetleri her zaman tercih ederler."

İçedönüklerin aksine dışadönükler sosyalleşirken ve konuşurken mutludurlar. Onları toplumda rol model olarak görebiliriz. Aslında iki özellik de hepimizde mevcuttur ancak bir taraf daha baskındır.

Hayatınızdaki insan ya da siz kendinize has kişilik özelliklerinden dolayı farklı ihtiyaçlara sahipsiniz. Öncelikle beklentileriniz konusunda ayrımında olmanız gereken en önemli şeydir bu. Sadece kendi arzu ve ihtiyaçlarınız için ısrarcı olmadan önce iyi bir gözlemci olarak kendinizi ve partnerinizi gözlemleme yoluna gidin.

Diyelim partneriniz bu alana fazlasıyla ihtiyaç duyuyor. Ne yapmalısınız?

- Çoğu zamanınızı sevdiğiniz insanla geçirme isteğiniz anlaşılabilir ancak onun ve sizin de bir hayat akışınızın olduğunu unutmayın. İş, arkadaşlar, aile, hayatla ilgili sorumluluklar ve daha pek çok şey hayatınızı dolduruyor. İtiraf etmek gerekiyor ki hayat eskisine göre çok daha hızlı ve zorlayıcı bir şekilde akıyor. Birbirinizi sabote etmeden değerli anlar yaratmaya çalışın. Birlikte olduğunuz vakitlerde de durumdan şikâyet etmeden daha çok zaman geçirme isteğinizi iletin.

- Kendinize ait zaman yaratmanın mükemmel bir şey olduğunu unutmayın. Özel zevklerinize zaman ayırmak, spor yapmak, belki de sadece meditasyonla dinginleşmek için yalnızlık gerekir. Yalnızlığı korkutucu bir şey olarak görmeyin ve onun iyileştirici gücünden faydalanın. Kendinizi şımartın, ihmal ettiğiniz şeyleri hatırlayın.

- İlişki içindeyken arkadaşlarınıza ve sevdiklerinize daha az zaman ayırıyor olabilirsiniz. İki kişilik dünyanızı genişletin. Başkalarıyla programlar yapın, onların dünyalarına girin. Böylece ruhunuz ve zihniniz nefes almış olur.

- Çok sık görüşmek bir süre sonra sıkıcı hale gelmeye başladıysa bu boşluklar beraberliğinizi daha anlamlı kılacaktır. Birlikte olduğunuz zamanları daha kaliteli geçirmeye özen gösterin. Farklı planlar yapın, değişim her zaman iyidir. Yan yanayken her anlamda doyum sağlayan bir ilişki içinde olursanız ayrı olduğunuz zamanlar için de hayıflanmazsınız.

- Partnerinizin kişisel alan yaratma tercihini anlayışla karşılayın, kişisel bir mesele haline getirmeyin. Zihninizi saplantılı düşünceler yerine kendinizle ilgili konulara odaklayın. Bunu tartışma konusu yapıp, tavır almayın. Bu durumu sağlıklı bir şekilde anladığınızda ilişkiniz için işe yarar bir şey olduğunu göreceksiniz.

İlişkimizde Aşırı Kıskançlık Sorunu Yaşıyorum. Ne Yapmalıyım?

Kıskançlık güçlü bir duygudur. İlgiyi, arzuyu canlı tutmak adına tadında kıskançlıklar ilişkinize renk de katabilir ancak ilişkinizi sabote edici kıskançlıklar ilişki için hoş olmayan durumların habercisidir.

İnsan insanı kıskanmaya ne zaman başlamıştır?

Basit kıskançlıklar evrimsel psikolojiye göre bizlere çok fazla şey anlatır. Kıskançlık denen durum evrimsel psikolojiye göre ilişkiyi davetsiz misafirlere karşı korumak adına geliştirilen bir önlem alma mekanizmasıdır. Geçmişte yüz yüze kaldığımız bazı problemlere karşı bir tür adaptasyon kısacası.

Peki insan evrimleşirken neden bu mekanizmaya ihtiyaç duydu?

Araştırmalara göre kıskançlık meselesinin hem kadın hem de erkek açısından farklı bilişsel süreçleri var. Dilerseniz önce erkek tarafından bakalım.

Evrim psikologlarına göre erkeklerdeki kıskançlık babalık şüphesinden kaynaklanıyor. Çocuk sahibi olan babalar dünyaya gelen bebeklerinin gerçekten kendilerinden mi yoksa bir başkasından mı olduğuna dair taşıdığı şüphe nedeniyle kıskançlık geliştiriyorlar. Hatta bu durum "Ya bir başkasının çocuğuna bakım vermek için kaynak ve enerji yaratıyorsam?" noktasına bile gelebiliyor. Bu durumda erkek kendi genlerinin değil, eşiyle beraber olan başka bir adamın genlerinin devamını sağladığı düşüncesine kapılıyor. Üstelik hamilelik, doğum ve bebeğin bakımı için geçen sürede, annenin cinsellik için hazır olmaması erkek tarafında bir engel olarak hissediliyor. Bu baskılardan dolayı da erkekler cinsel sadakatsizliğe karşı daha duyarlı hale geliyor. Kulağa tuhaf gelse de erkek tarafında işin özeti bu şekilde.

Peki kadınlar tarafında ne durumdayız?

Erkekler cinsel sadakatsizliğe duyarlı iken kadınlar ise duygusal sadakatsizliğe daha duyarlı diyor evrim psikologları. Hatta yapılan bazı araştırmalarda "Eşinizin-sevgilinizin başka birine duygusal yakınlık hissetmesi mi daha yıkıcı yoksa cinsel olarak aldatması mı?" sorusuna kadınların büyük bir kısmı duygusal sadakatsizliğin daha yıkıcı olduğu yönünde yanıt veriyor. Meseleye kadın odaklı bakan evrimsel psikoloji ise evrimsel olarak bebek büyüyene kadar kaynak ve ilgiye ihtiyaç duyan annenin kıskançlığının, bu kaynağı kaybetme riskinden kaynaklandığını söylüyor. İlginin ve kaynağın başka bir rakibe yatırılma ihtimali kadınlarda kıskançlık mekanizmasının çalışmasına neden oluyor.*

Evrimsel psikoloji kıskançlığı bu şekilde özetliyor. Reddedilme, terk edilme, sevilmeme, kabul edilmeme, onaylanmama ve umursanmama gibi haller kıskançlık mekanizmasının çarklarını yavaş yavaş çalıştırmaya başlıyor. Buna ek olarak kişisel bazı konulardan dolayı da kıskançlık duygusu gelişebiliyor.

Eğer çok sık kıskançlık duygularıyla boğuşuyorsanız ve bilim size çare olmuyorsa bu durumla başa çıkmanın yollarını sayalım:

* Araştırma verileri Buss ve arkadaşlarının 1992 yılında yaptıkları kıskançlık çalışmasından alınmıştır.

- ***Duygularınıza takılı kalmayın.***

Kıskançlık krizine girdiğinizde duygularınızı kontrol etmek zordur. Bu duygu en başta sizi tüketmeye başlar. Zihninizde olur olmadık senaryolar üretmeye başladığınızda panik çukuruna doğru dev adımlarla ilerlemeye başlarsınız. Akıllıca izah edemeyeceğiniz bir durumla karşılaştığınızda her şeyin en kötüsüne odaklanmayın. Duygularınızı kontrol altına almak için önce düşüncelerinizi gözden geçirin. Eşinizin-sevgilinizin karşı cinsten biriyle kurduğu her iletişim, her geç gelmesi ya da bir süre ulaşamamanız sizi aldattığı anlamına gelmiyor. Dahası henüz kesin bir durum söz konusu değilken yanlış düşüncelerle büyüttüğünüz duygusal buhranlar sizi partnerinizin gözünde de küçültecektir. Öncelikle sakin olmanın ve kendinizi sakinleştirmenin yollarını bulun. Yanlış ve aşırı düşünceden kaynaklanan girdaba kapılmayın.

- ***Hissettiklerinizi yumuşak bir şekilde aktarın.***

Partnerinizin sizi kıskandıracak bir şey yaptığını düşünüyorsanız bunu ona en sakin ve en uygun dille anlatmaya çalışın. Sağlıklı bir iletişim baştan yanlış anlaşılmaları ve kırgınlıkları engelleyecektir. Ona güvendiğinizi, ancak böyle bir duyguya kapıldığınızı ve bunun sizi mutsuz hissettirdiğini söyleyin. Konuya sert ve suçlayıcı cümlelerle başlamayın. Onun da kendisini anlatmasına izin verecek açık bir iletişim ortamı sağlayın.

- ***Öz değerinizin farkında olun.***

Genelde kıskançlık duygularını tetikleyen nedenlerden biri düşük özgüvendir. Kendinizi sürekli başkalarıyla kıyaslamak, diğer insanlardan daha değersiz olduğunuzu düşünmek sizden kaynaklanan olumsuz duygulardır. Bu olumsuz duyguları okuyun ve kaynağına inin. Unutmayın ki her zaman daha iyi, daha çekici, daha güzel, daha yakışıklı insanlar çevrenizde olacaktır, hem sizin hem de sevdiğiniz insanın. Sevgilinizin gözünde "yeterince iyi olmama" düşüncesinden uzaklaşın ve kendi eşsiz, biricik doğanızın farkına varın. Neticede siz birbirinizi seçtiniz ve bir ilişki içindesiniz. Onaylanma ve takdir edilme ihtiyacınız varsa bunu talep etmekten de çekinmeyin, bırakın sevgiliniz gururunuzu okşasın.

- ***Yaralarınızı sarın.***

Geçmiş deneyimlerden kaynaklanan yaralar sizi sürekli tetikte tutar. Daha önce aldatılan çiftler yeni ilişkilerde güvenme konusunda çok fazla problem yaşarlar. Siz sadece kendi ilişkinize odaklanın, geçmişin kirini pasını süpürün. Omuzlarınızda şüphe ve güvensizlik duygularını taşımayın, bu herkes için çok yorucudur. İyileştirmek için bilinçli bir çaba gösterin ve daha esnek olun. Böylece geçmişiniz şimdiyi ve geleceğinizi etkilemeyecektir.

- ***Partnerinize güvenin.***

Güven duygunuzu inşa etmeyi öğrenin. Referans olarak partnerinizi değil kendinizi alın ve güven duygusunu kendi doğanızdan meydana getirin. Stoa felsefesinin çok temel bir ilkesi vardır. Hayatta kontrol edebildiğiniz şeyler, bir de kontrol edemediğiniz şeyler vardır. Kontrol edebildiğiniz şeyler sizinle, kontrol edemediklerinizse başkalarıyla ilgili olanlardır. Aslında ilke şudur: Kontrol edemediklerinizle ilgili kendi üzerinizde kontrol sağlamayı öğrenmek. Elinizde olmayan şeylerin sürekli kontrolünü sağlamaya çalışmak akıl ve ruh için çok yorucudur ve zaten bu mantıklı da değildir. Ancak olayların sizin üzerinizdeki etkisine yoğunlaştığınızda kontrolü de elinize geçirmiş olursunuz. Endişe, kuruntu, mutsuzluk, öfke gibi sizi yiyip bitiren duygulara teslim olmadan, güven duygusu içinde kalırsınız.

- ***Fazla kuşkucu olmayın.***

Kıskançlık duygularınız kabardığında sürekli ipuçları peşinde olmayın. Hele ki hayatınızdaki insanın maillerini, telefonunu karıştırmayın. Bu durum fark edildiğinde partnerinizin gözünde değerinizi kaybedersiniz. Kendinize güvenin. Yorucu bir savaşın içine girmektense kendi özünüze dönün ve en kötü ihtimal dahilinde bile bunu aşacağınıza dair inancınızı yitirmeyin.

İlişkim İlk Zamanlardaki Heyecanını Kaybetti, Ne Yapabilirim?

Uzun süreli ilişkiler bazı tuzaklar barındırır. Alışkanlıklar, rutin, rehavet ilişkinizin üzerine çökebilir, hatta bazen o denli kanıksanabilir ki bu durum çemberin dışına çıkmak konusunda nereden başlayacağınızı da bilemezsiniz. Taraflardan birinin değişim konusunda atım atması diğer tarafın bu durumu tuhaf bulmasına da neden olur. "Sende bir haller var" ya da "Şimdi bu da nereden çıktı?" cümleleri dudaklardan dökülebilir.

Yenilik arayışında olmak çok olağandır. Sevgilinizin ya da sizin rutini bozmak adına önereceğiniz yeniliklere karşı açık olun ve farkındalığınızı yükseltin. Hatta rehavetin çökmemesi için ilişkinizin kalbinin atıp atmadığını da sık kontrol edin. Canlılık, heyecan, farklılıklar ilişkinizi her dem taze tutar.

İnsan beyni üzerinde yapılan araştırmalar beynimizin sürekli yenilik peşinde olduğunu söylüyor. Sürekli maruz kalınan bir uyaranı kanıksayan beyin bir yerden sonra tepki vermemeye başlıyor. Sevgilinizin size ilk çiçek aldığı günü düşünün ve bunu yılın her günü yaptığını. 365. günde herhalde ilk günkü tebessümün tazeliği yüzünde olmayacaktır.

İlişkinizi rutine bağlamayın. Beyin her zaman yenilik arar ve yeniliklerle karşılaştığında heyecan duyar. Farkında olmadan kalıplaşmış şablonlara hapsolmak ilişki içinde monotonlaşmaya yol açar.

İlişkinizin bir bebek gibi olduğunu hayal edin. Hayatını sürdürmesi için temel gereksinimlerin dışında eğlendirici, dikkat çekici, mutluluk verici şeylere ihtiyacının olduğunu unutmayın. İlişkinizi canlandırmak adına planlayacağınız her şey bir bebeği mutlu etmek için ona sunduğunuz oyuncak masumiyetindedir. Bu saflık ve samimiyetle yaklaşım kurulan her ilişki eşsiz ve özel olacaktır.

İlişkinizde heyecan yaratmak için neler yapabilirsiniz?

- Sürekli evde vakit geçirmek sıkıcıdır. Dış dünyaya açılmak, farklı insanların dünyalarını gözlemlemek, farklı hikâyelere tanık olmak sizi hem bireysel olarak besler hem de ilişkinizde sevgilinizle kurduğunuz ortaklığı geliştirir.

Yeni yerler keşfedin, yemek yemeyi seviyorsanız başka dünya mutfaklarını, restoranlarını ziyaret edin. Bir kitapçıya dalıp sevdiğiniz ve okuduğunuz türlerle ilgili konuşun. Daha önce hiç keşfetmediğiniz bir alanla ilgili olarak beraber keşiflerde bulunun, örneğin ahşap işleri satan bir dükkâna girip neler olup bittiğine bakın. Unutmayın siz ne kadar dışadönük olursanız partneriniz de sizden o denli esinlenecektir.

- İlişkilerde ilk zamanlardaki merak yerini zamanla alışkanlıklara bırakır. Bu durum kaçınılmazdır, korkutucu değildir. Dengeli, huzurlu, güvenli bir ilişki sırrını alışkanlıklara da borçludur. Ancak rutinden etkilenen tek şey sadece psikolojiniz değil aynı zamanda fizyolojinizdir de. İlk zamanlardaki sevişmelerinizin heyecanının azalması tamamen fizyolojinizle alakalıdır. Hormonlarınızın zaman içinde azalması ve pik noktasından aşağı inerek normal bir seyirde ilerlemesi çok doğal bir süreçtir. Bu durumda rutinleşen seks hayatınızı canlandırmanın yollarını keşfedin. Farklı yerlerde sevişmek, kendinizi daha güzel ve çekici hale getirecek çamaşırlar ve aksesuvarlar kullanmak, farklı deneyimlere imkân sağlayacak oyuncaklar almak, beklenti ve isteklerinizle ilgili açık olmak size yepyeni heyecanlar yaratma fırsatı sunar. Ritmi bozulmuş ve sıkıcı bir hale gelmiş cinsellik ilişkinin en önemli sorunlarındandır. Bu konuyu konuşmaktan asla kaçınmayın ve adım atmaktan çekinmeyin.

- Her ilişkinin kendine has bir sevgi dili vardır. Anılar, sihirli kelimeler, özel davranışlarla örülmüş sevgi dilinizi fark edin ve bu sevgi dilini kullanarak partneriniz için sürprizler yapın. Sevgi dili sadece sizin sevgilinize duyduğunuz hislerden ibaret değildir, en çok da onun da dünyasına has unsurlar barındırır ve siz bunu kendi duygularınız üzerinden yansıtarak hayatınızdaki insana ulaştırırsınız. Bir anlamda onu sarıp sarmalarsınız. Çok hoşlandığı bir kazağı almak, çocukluğuna dair ona güzel bir anı hatırlatacak bir hediye bulmak, özel ilgi alanına yönelik değerli hissettirecek bir obje ile koleksiyon yaratma fikrini bulmak onu mutlu eder.

- Heyecan yaratmanın yolu her zaman büyük sürprizlerden geçmez. Biraz yaratıcı olun. Bunun için pahalı hediyelere, pahalı seyahatler planlamaya gerek yok. Beklenmedik ve umulmadık şeyler yapın. Örneğin saçlarınızı kestirmek, şimdiye dek sürdürdüğünüz giyim rutininizi bozmak, belki daha seksi kıyafetler tercih etmek, halinizi tavrınızı yenilemek de işinizin bir parçası olsun.

- Kişisel gündeminizi her an canlı tutun ve kendinizi de yenileyin. Unutmayın ilişkinizi sadece karşı tarafı merkeze alarak koruyamaz ve kurtaramazsınız. Hayatta kendi beklentileriniz konusunda da uyanık olun. Belki sizi sıkan şey kendi yaşamınızdaki rutin. Değişimi kendinizde başlattığınızda emin olun sevgiliniz de bunu fark edecek ve o da kendi payına düşeni yapacaktır. Daha fazla sosyalleşmeye ihtiyacınız varsa sosyalleşin, mutsuz olduğunuz alanları temizleyin, kısaca ortalığı şöyle bir havalandırın. Merkeze kendinizi aldığınızda bazı problemlerin de kendiliğinden ortadan kalktığını göreceksiniz.

Özellikle evliliklerde sorumluluklar ve yükler arttığı için çiftler bekâr olanlara göre daha fazla sıkışıp kalabilirler. Özellikle çocukların ve ailelerin de dahil olduğu bir süreçte her iki taraf da kendi beklentilerini tamamen unutup ihmal edebilirler. Bu durum da bazı olumsuzlukların yaşanmasına, gerginlik, depresyon, tartışma ve soğukluk gibi şeylerin ortaya çıkmasına neden olabilir.

- Eşinizin sizden değişiklik ve yenilik taleplerine kapalı olmayın. Evet ikiniz açısından da sorumluluklar yorucu, birbirinize destek olun ve duygusal, fiziksel ihtiyaçlarınızı karşılamak için beraber hareket edin.

- Eski zamanlarınızdaki gibi ara sıra dışarıda buluşmak için birbirinize randevu verin. Çocuklarınızı ailenize ya da imkânınız varsa arkadaşınıza, bakıcınıza emanet edip dışarıda güzel bir akşam yemeğiyle taçlandırılmış bir gece geçirin. İçinizdeki çocuğu canlandırmak için harika bir yol bu.

- Her zaman bakımlı, çekici ve alımlı olun. Alışkanlıklar ve sorumluluklar nedeniyle kendinizi ihmal etmeyin. Özellikle çalışan anneler bazen kendilerini daha fazla fedakârlık etmeye kaptırabiliyorlar. Mutlu olmaya, iyi hissetmeye ve ara sıra şımarmaya ihtiyacınız olduğunu unutmayın.

- İlk adımı eşinizden beklemeyin. "Her şeyi ben düşünüyorum, ben planlıyorum biraz da o düşünsün!" tavrı her iki taraf için de yıpratıcı sonuçlar doğurabilir. Erkek ve kadın doğasının bazı sonuçları üstüne yetiştirilme tarzları ve kültürel kodlar da eklenince ilişkide bazı problemlerin çözümü daha çok kadınların üzerine kalabiliyor. Bu noktada konuşmak, kendinizi ifade etmek önemlidir ama kendinizi de mutlu edecekseniz elinizden geleni yapmaktan da kaçınmayın. Bencillik, kızgınlık, küskünlük gibi olumsuz duygulara kapılmadan ortak bir hayat inşa ettiğinizi unutmayın.

Onun İçin Nasıl Özel ve Vazgeçilmez Olabilirim?

Hepimiz özel hissetmeye bayılırız. İlişkide vazgeçilmez olma tutkusu da içimizi ısıtan doğal bir eğilimdir. İçten içe bunun için çabalarız hatta kendimize itiraf edemesek de... Partnerimizin ilgisini üzerimizde tutmak için elimizden geleni yaparız. İlişkide partnerinizi özel ve vazgeçilmez hissettirdiğinizde de değer duygunuzu pekiştirmiş ve bağlılığınızı güçlendirmiş olursunuz.

Pek çok ilişkinin beklenmedik bir şekilde bitişine şahit olmuşuzdur. Bir ilişkinin bitmesine neden olan pek çok şey vardır ancak bağlılık gitgide azalıyorsa güçlendirmek için yapılması gerekenler var demektir.

➢ *Hayatınızı kazanın.*

Hayata karşı mücadeleci bir tavır kazanmak erkek için de kadın için de cezp edicidir. Evrimsel olarak insan hayatta kalmaya ve mücadele etmeye kodlanmıştır. Barınmak, beslenmek ve güvenliği sağlamak sadece ilkel insanın derdi değil, aynı motivasyonu biz de taşıyoruz. Artık beslenmek için mağaramızdan çıkıp avlanmıyoruz ancak kariyer inşa ederek hayata tutunmaya çalışıyoruz. Ama değişmeyen bir şey var hâlâ: Güçlü olan ve uyum sağlayan hayatta kalıyor. Hayatınızdaki insan sizi ne kadar severse sevsin zorlu hayat koşulları karşısında güçlü bir duruş görmek isteyecektir. Çalışmak ve kendi gelir kaynağınızı yaratmanız karşı taraf için saygı uyandırıcıdır. Özellikle evliliklerde çalışmayan bir tarafın olması yükün de o kişinin üzerine binmesine yol açar. Bu nedenle hem dengeyi sağlamak adına hem de ilişkinizi korumak adına girişimci olun. Maddi olarak evinize, ailenize katkıda bulunmaya başladığınızda eşiniz için de vazgeçilmez olursunuz.

➢ ***Boş Gezmeyin.***

İlgi alanı olmayan, yaşamında yaratıcı çözümler üretmeyen, kendini geliştirmeyen ve hayata dahil olmayan birisi pek az insanın ilgisini çekecektir. Boş gezmek, zamanı boşa harcamak ve sürekli tüketmek sadece hayatınızdaki insanı değil pek çok kimseyi sizden uzaklaştıracaktır. Düzenli bir işiniz olmasa bile vaktinizi olumlu anlamda değerlendirmeye ve kendinizi geliştirmeye adayın. Günümüzde bilgiye erişmek artık çok daha kolay ancak ne yazık ki derinleşmek çok daha zor. Çünkü inanılmaz bir bilgi bombardımanına maruz kalıyoruz ve ilgimizi dağıtacak çok fazla şey var. Hatta ne yazık ki vaktimizin çoğunu sosyal medyada başkalarının yaşamlarını seyrederek geçiriyoruz. Bunun yerine hobi edinmek, uzak seyahatlere çıkmasanız bile yaşadığınız kentin tarihini keşfetmek, yeni bir yemek tarifi öğrenmek, seçtiğiniz bir alanda derin okumalar yapmak ve hatta bunları sevgilinizle tartışmak, akıl yürütmek ilişkinizi beslemek adına yapabileceklerinizden.

➢ ***Kendi fikriniz olsun.***

İlişkilerde tartışmadan kaçınmak için sıkça yapılan hatalardan biri de seçimleri hep karşı tarafa bırakmaktır. Çok basit bir programı yaparken bile "Sen nasıl istiyorsan öyle olsun" tavrı bir yerden sonra hayatınızdaki insan için sıkıcı olmaya başlayacaktır. Bu yüzden kendi fikrinizi söylemekten çekinmeyin. Her soru için kendi cevabınız olsun. Kimse bir ilişkide iktidarı tamamıyla ele geçirmek istemez. İlişki iki kişilik seçimlerin dengeli bir şekilde yayılmasıyla güzelleşir. Sadece bir tarafından seçimlerinden oluşan şeyin adına ilişki demek zordur. Fikrinizi söylerken onaylanmama ya da beğenilmeme endişesi de taşımayın. Bir birey olarak kendinizi ifade etmeniz hem karşı taraf hem de sizin için saygı uyandırıcıdır.

➤ ***Kendinize ait zaman yaratın.***

Erkekler de kadınlar da kendilerini dinleyebilecekleri zaman aralıklarına ihtiyaç duyarlar. İnsan ilişkileri ve yorucu hayat koşusunda ne yazık ki çoğu zaman ruhumuzu ıskalarız. Hatta mutlu bir ilişki içinde olsak dahi kendi kendimize kalacağımız anlar yaratmak için yanıp tutuşabiliriz. Çok eski bir hikâyedir, Meksika'daki İnka tapınağına çıkmak isteyen bir grup arkeoloğa birkaç yerli rehberlik etmektedir. Yolu hızlı bir şekilde yarıladıktan sonra yerli grup, yere oturup beklemeye başlar. Haliyle bu duruma Avrupalı arkeologlar şaşırırlar. "Neden bekliyoruz?" diye sorduklarında yaşlı rehber şu cevabı verir: "O kadar hızlı yol aldık ki ruhumuz geride kaldı, onu bekliyoruz." Nefes almak için yaratacağınız bu boşluklar ruhunuzu yakalayacağınız önemli duraklardır. Düşünmek, bazı konularda kararlar almak, daha verimli olmak ve sağlıklı bir ilişki için gereklidir.

➤ ***Kararlı olmak.***

Her ne yapıyorsanız yapın istikrarlı ve kararlı olun. Sürekli fikir değiştirmek, daldan dala atlamak açgözlü ve obur bir karakterin göstergesidir. Oysa doğanıza uygun olanı belirlemek ve onda karar kılmak sizi karşınızdaki insanın gözünde daha net ve güçlü bir imaj haline getirecektir. Arada sırada fikir değiştirmek elbette olağan ancak bu dengesiz tavrı sürekli sürdürmek ilişkiniz için yıpratıcıdır. *"Konargöçer bir yaşam süren kişi misafirperverlik bulur ama dostluk bulamaz"* diyen zamanın filozofunun lafını aklınızdan çıkarmayın.

➤ ***Kendi değerinizi bilin.***

İnsanın kendini tanıması, yetersiz ya da çok iyi olduğu alanları keşfetmesi ilişkilerini yönetirken kullanacağı alet çantasının olmazsa olmazlarından. Hepimizin eksik ve kusurlu tarafları var ancak bunlara ek olarak kendimizde beğendiğimiz, sevdiğimiz ve başka insanların da beğendiği özelliklerimiz mutlaka vardır. İnsan hem aydınlık hem de karanlık taraflarıyla bir bütün haline geldiğinde kendisiyle barışabilir. İlişkide sürekli eksik ve kusurlu tarafınıza yoğunlaşmak ya da partnerinizin buralara yoğunlaşarak sizi değersiz hissettirmesi sıkça rastlanan bir durum. Değersizlik hissi geçmiş yaşantılardan edinilen ve üzerinde çalışıldığında onarılabilen bir duygudur. Ancak ilk kural bunu kimseden beklememeniz, öncelikle kendi değerinizi kendiniz görmenizdir. Kendine değer vermeyen biri başkalarınca da değer görmeyecektir. Böylesi bir durumun yaratacağı sonuçlar da ilişkilerinizde saygı ve sevgi görememek, kullanılmak ya da terk edilmek olur. Bu nedenle eşiniz-sevgiliniz için vazgeçilmez olmak istiyorsanız öncelikle kendi değerinizin farkında olun.

➤ ***Destek olun.***

İlişkide bazen bir taraf sanki tek başınaymış gibi özgürce hareket etme eğiliminde olabilir. Herhangi bir problem anında ortadan kaybolmak, sorunları konuşmaktan kaçınmak, gerektiğinde maddi ve manevi olarak destek vermemek ilişkiyi yıpratır. Hayatınızdaki insana her konuda destek olmak ona duyduğunuz sevgi ve saygının da bir göstergesidir. Hem iyi hem de kötü gününde birinin yanında olmak sizi onun gözünde vazgeçilmez yapar.

- ***Güvenilir olun.***

Güven bir ilişkinin harcıdır, güven duygusu ne kadar hissedilir haldeyse ilişki de o denli güçlü ve sağlam olur. Her türlü ilişkide aradığımız bir duygudur güven. Sırrımızı anlatırız, en mahrem taraflarımızı açarız, en zayıf yönlerimizi çekinmeden sergileriz hayatımızdaki insanın yanında. Ve kendimizi ona bırakırız gözümüzü kapayıp... Yalan, sahtelik, aldatmak bir ilişkiyi yok eden dinamitler gibidir. Partnerinizin aklında ya da kalbinde şüphe uyandıracak tavırlar, sözler bir ilişkiyi çıkmaza sokmaktan başka bir şeye yaramayacaktır. Burada önemli olan şey birinin güvenini kazanmak ya da birinin size güvenmesini sağlamak için ikna edici olmaktan uzak durmaktır. Davranışlarınızla ve sözlerinizle doğal bir yolla ve içtenlikle, kendiliğinden yaratılmalıdır bu güven. Aksi halde ilişkinizin gündeminde sürekli güven meselesinin konuşuluyor ya da gösteriliyor olması da fazlasıyla şüphe biriktiricidir.

Onu Bir Şeyler Yapma Konusunda Motive Edemiyorum, Bu Seks Dışında Hemen Her Şey İçin Böyle, Ne Yapabilirim?

Bazen yorgunluktan bazen sıkıldığımızdan hayatta odaklanmamız gerekenleri ıskalarız. Öyle zamanlar olur ki elimizi kolumuzu kaldıracak dermanı bulamayız. Depresyon, tükenmişlik sendromu çöker üzerimize, hayattan tat alamadığımız zamanlarımız da olur. İlişkilerde senkron kaymasına neden olacak bu gibi durumlarda ne yapmak gerekir?

Öncelikle partneriniz böyle bir durumun içindeyse sürekli söylenmekten ve şikâyet etmekten kaçının. Bu durumu bir kavga konusu haline getirmeyin. Ağlamanın, surat yapmanın ya da küsmenin ilişkinizin tatsızlaşmasına yol açacağını unutmayın. İhtiyacınız olan tek şey partnerinizin ilgisini canlandırmak ve hayata katmak için motive etmek. Peki bunu nasıl yapacaksınız?

- Hepimiz sürprizlere bayılırız. Eşinizi ya da sevgilinizi bir şey yapmaya zorlamak ya da ittirmek yerine onun hoşuna gideceğini düşündüğünüz bir sürpriz planlayın. Örneğin gezmekten çok hoşlandığı bir yerde bir aktivite planlamak, çok sevdiği birinin konserine bilet almak ya da uzun zamandır görüşmediğiniz birilerini eve davet etmek sevgilinizi kuyusundan çıkarmak için işe yarayabilir.

- Yapmak istediğiniz program sanki onun fikriymiş gibi hareket edin. Eskiden beri yaptığınız ancak bir süredir ihmal ettiğiniz rutinlerinizi hatırlayın. Eskiden sevgilinizin yapmak istediği şeyleri bulun ve bu konuda onun ısrarcı olduğu zamanları anımsatarak programa daha kolay dahil olmasını sağlayın. Eskiden onun önerdiği fikirlerden yürümek onu kolayca ikna etmeye yarayabilir.

- Sakın ama sakın konuyu kavgaya çevirmeyin. Beklentinizi kibar ama istekli bir şekilde dile getirin. Hatta işin içine biraz sevimlilik, şirinlik de katabilirsiniz. Pozitif tarafınız ne denli güçlü olursa onu ikna etmeniz de o denli kolay olacaktır. Konuşmaya gergin, suçlayıcı ve olumsuz bir tavırla giriş yapmak kapının daha da sıkı kapanmasına neden olur.

- Bir şey yapmasını istemeden önce onu övün. Hoşlandığınız taraflarını, görünümünü, onun sizi ne denli özel hissettirdiğini ve ne kadar şanslı olduğunuzu söyleyin. Güne başlarken de motive edici olun. Mutluluk, motivasyonun en önemli tetikleyicisidir.

Benim İlgi Gösterdiğim Şeylerle İlgilenmiyor, Sorunları Görmüyor, Anlamasını Bekliyorum Ama Anlamıyor

Büyük heyecanlarla, yüksek duygularla başlayan ilişkilerin saman alevi gibi geçip gittiğini görürüz. Alevlenmiş ateş yerini iç karartıcı bir sessizliğe ve monotonluğa bırakır. Sanki yapılacak her şey yapılmış, görülecek her şey görülmüş gibidir. Konuşacak konu bulamaz, adeta aynı odanın içinde iki yabancı gibi kalakalırsınız. İlişkinin başlangıcında çoğu şeye karşı körüzdür. Beğeni, dürtüler, hormonlar araya karışınca aklımız bacadan kaçıp gider. Ancak kalbimiz ve aklımız zaman içinde bazı şeylerin eksikliğini daha net olarak fark etmeye başlar.

Mutlu bir ilişkinin en önemli göstergelerinden biri de birbirinden sıkılmadan beraberce vakit geçirebilmektir. Elbette her birimizin özel ilgi alanları ya da meraklı olduğu özel şeyler var ancak sağlıklı ilişkide bu farklılıklar sorun olmaktan ziyade aksine ilişkiyi zenginleştirici bir faktör haline gelir. Fakat yine de ilişki içinde her iki taraf da aynı şeyi yapmaktan hoşlanmayabilir. Ortak paylaşımlar, uzun ve mutlu ilişkiler için gereklidir. Ancak ortak paylaşımın haricinde herkesin kendi ilgi alanlarına yönelebildiği zamanların da olması gerekir. Bu hem birlikteliğiniz hem de sizin kişisel gelişiminiz için gereklidir.

İlişki öncesinde ortak zevkleri mümkün olduğunca keşfetmeye çalışmak ve bunları görmek çok önemlidir. Mutlu beraberliğinizin devamında göze batmaya başlayan şeyler varsa ne yapacaksınız?

- Sürekli aynı şeyleri yapmak bir yerden sonra sıkıcı hale gelir. Bu da partnerinizle geçireceğiniz zamanın kalitesini düşürür. Bunu engellemek için değişiklik yapmak, farklı şeyler planlamak ve yeni şeyler denemek işe yarayacaktır. Manzaranızı değiştirmek için bazen ters köşe yapın, ortak zevkler yerine farklılıkları kovalayın. Elbette bunun için her iki tarafın da istekli olması şartıyla. Rutine binmiş bir ilişkiyi canlandırmak için her iki tarafın da biraz fedakârlık yapması gerekir. Hiç gitmediğiniz bir yeri birlikte keşfetmek, farklı bir spor dalında beraber gelişmek için kursa başlamak gibi örneğin... Unutmayın rutini bozmak her zaman işe yarar.

- Bir kursa ya da kulübe katılmak yeni yeteneklerinizi keşfetmek ve sıkıcı rutinden uzaklaşmak için birebirdir. Üstelik beraberce katılacağınız etkinlikler hem yeni insanlarla tanışmanızı hem de birlikte hoşça vakit geçirmenizi sağlar.

- Sürekli baş başa olmak yerine planlarınıza arkadaşlarınızı da dahil edin. Geniş sosyal bir çevreye yayılan ilişkiler çok daha güçlenirler. Hatta zaman zaman partnerinizin kendi arkadaşlarıyla programlar yapmasına da önayak olabilirsiniz. Arkadaşlarınızla sık sık bir araya gelmek, yemek yemek, sohbet etmek onlardan artakalan zamanlarınızı da daha değerli ve derinlikli bir hale getirir.

Hayatınızdaki insanın size olan kayıtsızlığın arkasında bir kişilik bozukluğunun olacağı ihtimalini de aklınızda bulundurun.

Narsistik kişilik bozukluğu olan kişiler fiziksel ve ruhsal yönden kendilerini aşırı beğenen ve üstün gören, sürekli olarak diğer insanların beğeni, ilgi ve onayını bekleyen, her zaman her yerde özel ilgi hak ettiğine inanan ve bu beklentide olan kişilerdir. Peki karşınızdaki kişinin size mi yoksa kendine mi âşık olduğunu nasıl anlayacaksınız? İşte en belirgin yedi özellik:

1. Her zaman en iyiyi onlar bilir.

İster doktor olun ister avukat olun, bu eğitime sahip olmasalar da sizin uzman olduğunuz konuda karşıt bir fikir savunurlar. Her zaman her konu hakkında en doğruyu bildiklerini düşünürler. Kendi fikirlerine karşı çıkanlara öfke duyup, bu kişileri hızla değersizleştirirler.

2. En güzel, en üstün, en zeki onlardır.

Üstün, özel ya da eşi bulunmaz kişiler olduklarına inanırlar ve başkalarının da kendilerini öyle görmesini beklerler. Kendilerini olduklarından daha yetenekli görürler ve başarılarıyla böbürlenirler. Benlik saygıları ise her zaman çok kırılgandır. Sürekli olarak ne kadar iyi işler yaptıklarını ve çevrelerinden ne kadar iyi değerlendirmeler aldıklarını vurgularlar. Sürekli ilgi görme ve beğenilme gereksinimi duyarlar.

3. Çok güçlü bir ilk intiba yaratırlar ama bir süre sonra özlerine dönerler.

Narsistik kişiler tanıştıkları kişilerin beğeni ve övgülerini kazanmak için bütün iyi özelliklerini, başarılarını abartarak, kendilerini özel göstermek için çabalarlar. Fakat zaman içinde bencil ve sadece övgü bekleyen, eleştiriye tahammülsüz taraflarıyla çevrelerindeki insanların uzaklaşmasına neden olurlar.

4. Kendi egolarını başkalarını aşağıda görerek şişirirler.

Hemen herkesi kendilerinden aşağı görürler ama herkesin de onlara saygı duymasını ister, özel davranılmayı ve beğenilmeyi beklerler. Böyle bir karşılık alamazlarsa şaşkınlığa düşerler ya da çok öfkelenirler. Örneğin sırada beklemek zorunda olmadıklarını, kendi önceliklerinin daha önemli olduğunu ve başkalarının buna saygı göstermesi gerektiğini düşünürler. Çok özel insanlar olduklarına inandıkları için onlara özel birtakım ayrıcalıklar tanınması için zorlamalarda bulunabilirler.

5. Başkalarının duygularını ve gereksinimlerini anlama konusunda isteksizdirler.

Bu kişiler genelde empati yapamazlar ve başkalarının isteklerini ve duygularını anlamakta ve özelliklerini tanımakta zorluk çekerler. Söyledikleriyle diğer insanları incittiklerinin farkında bile olmayabilirler. Başkalarının ihtiyaçlarını, isteklerini ya da yaşadıkları duyguları gördüklerinde eleştiren bir tutumla, bunları zayıflığın ya da kolay incinebilir olmanın birer belirtisi olarak görürler. Duygusal olarak soğuk ve ilgisiz görünebilirler.

6. Başkalarını kıskanır ya da başkalarının kendisini kıskandığına inanırlar.

Diğer insanların daha başarılı olmalarından ya da onların sahip oldukları şeylerden rahatsızlık duyarlar. Başkalarının elde ettikleri bu başarılara ve beğeniye kendilerinin layık olduğunu düşünürler. Onların başarılarını ve katkılarını değersizleştirmeye çalışır, her zaman en kıskanılan, en imrenilen kişinin kendileri olması gerektiğini düşünürler.

7. Sadece üstün bulduğu kişilerle arkadaşlık kurarlar.

Özel ve eşi bulunmaz biri olduklarını düşündükleri için sadece toplumsal olarak üstün ya da özel kişilerin kendilerini anlayabileceğini düşünüp, bu kişilerle arkadaşlık etmeleri gerektiğine inanırlar. İlişki kurdukları kişilere mükemmel ya da üstün yetenekli gibi nitelikler yükler ve böylece kendi benlik saygılarını güçlendirirler.

Narsistik kişilik bozukluğu olan kişi, rahatsızlığını çoğu zaman kabullenmez, yanlış davranışlarının nedenlerini haklı göstererek üste çıkar ve karşısındakini suçlama yoluna gider. Psikoterapi desteği almak narsisler için küçümsenecek bir durumdur. Ancak kriz anlarında, yani istediğini elde edemediğinde ya da elindekileri kaybettiğinde ortaya çıkan depresyon hallerinde tedaviyi bir seçenek olarak görebilirler. Başvurdukları terapistin de kendilerini beğenmesini, takdir etmesini ve onaylamasını isterler. Egoları yeterince beslenmezse terapiyi bırakabilirler. Eğer terapide narsistik kişiyle dengeli bir iletişim sağlanırsa kişilik yapısında gelişim sağlanabilir.

Ona Çok Âşığım Ama Aramızdaki Yaş Farkını Ne Yapacağım?

Onu gördünüz ve kalbiniz hızla çarpmaya başladı. Gözleri, saçları, tavırları adeta sizi sizden aldı. Sohbet etmeye başladığınızda kelimeleri sizi büyüledi. Midenizde uçuşan kelebekleri hissettiniz, elleriniz terledi ve bir süre sonra ondan başkasını gözünüz görmez oldu.

Edebiyatın, sanatın, felsefenin, bilimin, psikolojinin ve daha pek çok alanın üzerine kafa yorduğu ve yücelttiği konulardan biridir aşk. Türlü türlü de çeşidi, tarifi vardır. Hesaplanamazdır, şiddetlidir, beklenmediktir, bu yüzden de aşkın gözü kördür. Mantıklı bir sorgulama yapma yetiniz kaybolur yer gök sizin için âşık olduğunuz kişinin yüzüdür.

Binlerce yıldır insanoğluna şiirler, destanlar yazdıran, çöllere sürükleyen aşk hakkında bugün bilimsel olarak daha fazla veriye sahibiz. Bunun kimyasal bir süreç olduğunu artık biliyoruz. Evrimsel açıdan üremeye kodlanmış insanın çoğalması ve üredikten sonra da çocuğunu eşiyle beraberce büyütebilmesini sağlayan bir boyutuyla da biyolojik bir süreçtir aşk. Elbette içinde sevgi, şefkat, bağlılık gibi değerli pek çok şeyi de barındırır ki aşkı özel yapan şeyler de bunlardır. Ancak temelde bilim bize aşkın kimyasal bir süreç olduğunu söyler.

Aşkı kalple bağdaştırmamız yerine beyinle bağdaştırmamız da bu yüzden önemli. Âşık olduğunuzda iştahınız kesilir, başka şeylere odaklanamaz, ondan başkasını düşünemez hale gelirsiniz. Aşk bir takıntıdır bir anlamda.

Kendi zihnimizde ideal bir sevgili imajı yaratmış olabiliriz, çok güzel-yakışıklı olsun, kariyeri olsun, mavi gözleri olsun gibi beklentiler içindeyken bir bakarsınız olmadık birine âşık oluvermişsiniz. Hatta bazen toplum tarafından onaylanmayacak ilişkiler içinde bile bulabilirsiniz kendinizi.

Olgunluk yol aldıkça ve hayatı deneyimledikçe gelişen bir şeydir. Bazı insanlar çok genç yaşta ciddi bir olgunluk kazanabilirken kimisi de ellisinde hâlâ bir çocuk gibi davranabilir. Ancak toplum sürekli bizden daha olgun ve daha "mantıklı" davranmamızı bekler ve bu konuda da ısrarcıdır. Ailelerin de çocukları için belli bir takvimleri vardır, eğitim, evlilik, çocuk, yazlık-araba satın almak gibi bir liste ile çoğunuz karşılaşmışsınızdır. Hayatta yol almanın belli kıstasları bunlarmış gibi size dayatılan şeylerle mücadele etmek zordur çünkü bilirsiniz ki çoğu planı hayata geçirip geçiremeyeceğinize sadece siz karar vermezsiniz, bunu size zaman gösterir.

Hayatınızda aldığınız kararlarla ilgili ailenizden, arkadaşlarınızdan geribildirimler alırsınız. Bu geribildirimlere ihtiyaç duyun ya da duymayın temelde yaptığınız seçimlerin sevdikleriniz tarafından da onaylanması ve saygı görmesini beklersiniz. Yeni taşınacağınız evi beğenmeyen annenize belki pek kulak asmazsınız ama konu ilişki ya da aşk olduğunda işler sizin için çetrefilli hale gelir.

Aileniz ya da sosyal çevreniz tarafından onaylanmayacağını düşündüğünüz bir ilişkinin içinde olmak sizi zorlayabilir. Bu durumda daha çok içinize kapanıp, ilişkinizi kapalı kapılar ardında gizli bir şekilde sürdürmek isteyebilirsiniz.

Toplum açısından yargılanan ilişki modellerinden biri de arada yaş farkının hayli yüksek olduğu ilişkilerdir. Çoğu insan bu tip çiftlere iyi gözle bakmaz hatta yargılar, eleştirir ya da altında başka nedenler arar.

Diyelim çok genç yaşta kendinizden yaşça büyük biriyle bir ilişkiye başladınız. Unutmayın hayatımıza dahil ettiğimiz her insan ihtiyaç duyduğumuz bir boşluğu doldurur ve bir anlamda gelişimimize hizmet eder. Sevgi, şefkat, güven, dostluk, çocuklarınızı beraberce büyüteceğiniz bir eş, büyümenize rehberlik edecek bir yol gösterici, oyun arkadaşı ve ihtiyaç duyduğunuz şey her neyse yaşamınıza dahil olan kişi bir misyon edinmiş demek oluyor, elbette aynı şekilde siz de karşı taraf için bir konuma oturuyorsunuz.

Peki neden kendinizden yaşça büyük birinden etkilenme ihtimaliniz her zaman vardır?

Kadınlar ilişkilerde erkeklerin statüsüne ve kaynaklarına daha fazla önem verir, bunun nedeni de yuva kurduğunda çocuklarına daha iyi bir gelecek verebilme kaygısıdır. Bu yüzden bu kaynaklara tam anlamıyla erişmiş yaşça büyük erkeklerden etkilenirler. Erkekler açısından durum gençliğin doğurganlıkla özdeşlemesinden dolayı onların da daha genç kadınlara yönelmesidir. Evrimsel olarak bu durumun tersini açıklamak için yeterince veriye sahip değiliz. Yani kendinden yaşça küçük bir erkekle beraber olan kadın ya da kendinden yaşça büyük olan bir kadınla beraber olan erkek söz konusu olduğunda ancak sosyokültürel açıklamalardan faydalanabiliriz. Günümüzde artık çoğu kadın –eskiye nazaran– ekonomik ve bireysel özgürlüğüne daha çok kavuşmuş durumda. Yüksek maaşlar ve pozisyonlar artık sadece erkeklere has sıfatlar olmaktan çıkmış ve erkeklerden bu anlamda özgürleşmişlerdir. Bu yüzden eş-sevgili arayan bir kadın için deneyim, olanaklar ve olgunluk daha ikinci planda yer alır diyebiliriz.

Aşkın, ilişkilerin ve bağlılığın temelindeki kimyasal ve sosyokültürel süreçlerden bahsettik. Hayatınızdaki kişi sizden yaşça çok büyük olabilir ya da yaşam tarzınız hiç birbirinize benzemiyor da olabilir. İlişkinizi çevreniz onaylamıyor ancak her şeye rağmen ona bağlandığınızı hissediyorsunuz ve onunlayken mutlusunuz. Bu durumda ne yapmalısınız?

- ***Meseleye tek taraflı bakmayın.***

Aradaki yaş farkı ilk etapta her iki taraf için de korkutucu olabilir ancak unutmayın ikiniz de benzer şeyleri düşünüyor ve yaşıyorsunuz. Böyle bir durumda meseleye sadece kendi açınızdan bakmayın, en az sizin kadar onun da tereddütlerinin olabileceğini unutmayın.

- ***Ortak beklentilerinizin ne olduğunu keşfedin.***

Yaş farkından ziyade ortak beklentiler üzerine yoğunlaşmak daha sağlıklıdır. Birbiriniz için ne ifade ettiğinizi bulmak ilişkinizi anlamlandıracak ve daha güvenli bir hale getirecektir. İkiniz de ilişkide aynı şeyi arıyorsanız çoğu şeyi çözdünüz demektir. Yakın yaşlarda olan çiftlerin de sorun yaşadığını unutmayın.

- ***Her ilişkinin farklı olduğunu görün.***

Bir başka faktör ise, her partnerin yaş aralıklarıdır. Örneğin; 20-30 yaş aralığında olan bir çift ile 50-60 yaş aralığında olan bir çiftin sorunları farklıdır. Bunun nedeni yaşamlarımızın farklı aşamalardan oluşuyor olmasıdır. Her aşamada ustalaşmamız gereken farklı deneyimlerden geçeriz ve her yaş aralığında öncelik verdiğimiz şeyler değişebilir. Bu yüzden her ilişki kendi şartlarında değerlendirilmelidir.

- ***Yaş farkı her şey demek değildir.***

Bir ilişkinin başarılı olup olmaması, partnerlerin ilişkileriyle ilgili benzer değerleri, inançları ve hedefleri ne ölçüde paylaştığına bağlıdır. Dolayısıyla yaş farkında takılı kalıp diğer olumlu şeyleri gözden kaçırmayın. Kişisel hedeflere ulaşmada sevgilinizi desteklemek; ilişki taahhüdünü, güven ve samimiyeti teşvik etmek ve problemleri yapıcı yollarla çözebilmek sağlıklı bir ilişki için var olması gerekenlerdir ve bu faktörlerin yaşla çok az ilgisi vardır. Gerçek şu ki, bir yaş aralığı çiftler için bazı zorluklar doğurabilirken, çiftler ilişkilerinde gayretli oldukları sürece, yaşın bir engel oluşturmaması gerekir.

- ***Algınızı değiştirin.***

Arada yaş farkı olan çiftlerin toplumsal onaylanmama algıları, ilişkilerinin sonuçlarını oldukça etkileyen bir faktör. Yani bu çiftler, aileleri, arkadaşları veya çevrelerinden onay almadıklarını düşünürlerse ve buna inanırlarsa ilişkilerin devam etmesi zorlaşıyor. Eğer ilişkinize inanıyorsanız önyargıları boş verin.

- ***Olumlu örnekleri görün.***

Bazı insanlar, aralarında yaş farkı olan insanların ilişki verilerinin yetersiz olduğunu düşünseler de bazı çalışmalar aralarında yaş farkı olan çiftlerin ilişki memnuniyetinin daha yüksek olduğunu gösteriyor. Ayrıca bu çiftler, yaşları yakın veya yaşları aynı olan çiftlere göre daha fazla güven, bağlılık ve daha az kıskançlık yaşıyorlar. Kendinden yaşça büyük olan erkeklerle birlikte olan kadınlar daha romantik ilişkiler yaşadıklarını belirtiyorlar.

İlişkimin Ciddi Olduğunu Nasıl Anlarım?

Biriyle tanıştıktan sonra daha sık vakit geçirmeye ve paylaşımlarınızı çoğaltmaya başladıktan sonra aklınızda bir soru belirebilir: Biz şimdi neyiz? Sadece evlilik beklentisi değil kastettiğim, kendimizin karşımızdaki insan için ne ifade ettiğini sorgulamamız olağan bir haldir. Bebek adımlarıyla başlayan çoğu ilişki kendiliğinden bir yola girebilir. Sorgulamadan ve üzerine düşünmeden bir bakmışsınız ki birbirinizin hayat arkadaşı oluvermişsiniz. Birbirinizin ihtiyaçlarını anlayan, destek olan, ilişkiyi besleyen, büyüten bir ruh hali hem erkekte hem de kadında sağlıklı bir ilişkiyi inşa etmek adına sergilenebilir.

Çiftlerin sahip olduklarının farkına varması ve bunu korumak adına çaba göstermesi mutlu bir sonun başladığı yerdir. İlişkinizi ciddiye aldığınızda olumlu duygularla birlikte daha kalıcı ve uzun süreli bir ilişki inşa etmiş olursunuz.

Ancak yoğun duygular ya da geçmişten gelen bazı olumsuz deneyimler sorular sormanıza ve bazı şeyleri didiklemenize neden olabilir. Şimdi neredeyiz, bundan sonra ne olacak, sevgili miyiz değil miyiz gibi soruları kendinize sıkça soruyorsanız bazı ipuçlarını doğru okumanız gerekiyordur. Bu ipuçlarını takip ederken sadece sevgilinizi gözlemlemeyin. Ya sizin duygu ve düşünceleriniz ne âlemde?

- ***Birlikte olduğunuz zamanlar sıklaştı mı?***

Hayatınızdaki kişiyle belli bir rutin içinde düzenli olarak görüşmek sıradan bir şey yaşamadığınızı gösterir. Yan yana olduğunuz vakitlerde bundan mutluluk duymak, sevgilinizin de bundan mutlu olduğuna şahit olmak ve bunun uzun sürmesini dilemek öylesine yaşanan bir ilişki içinde olmadığınızın işaretleridir. Beraber olmadığınız zamanların haricinde de bir şekilde temasta kalabilmek, gün içinde yaptıklarınızdan birbirinizi haberdar etmek, günaydın ya da iyi geceler mesajları atmak ciddi bir ilişkinin içinde olduğunuzun habercisidir.

- ***Formaliteleri önemsememeye mi başladınız?***

Hemen her ilişkinin başlangıcında çiftler fazla romantik ve cömert olma eğilimindedir. Bir anlamda karşımızdakinin sevgisini ve ilgisini üzerimizde toplamak için aşırı efor sarf ederiz. Daha özenli, daha dikkatli olur ve "denenmiş" klişeleri yapmayı tercih edebiliriz.

Gerçek bir ilişki sizlere öğretilen şeyleri terk ettiğinizde ve kendiniz olduğunda başlar. Etkileme ve beğenilme amacıyla yapılan davranışlar bir kenara bırakıldığında, tamamen içten duygular ve sevgi dolu bir ilişkinin temeli atılmış olur.

Zaman içerisinde dengeye gelen bir ilişkide ilk zamanlarda sergilenen davranışların terk edilmesiyle gerçek benliğinizi sergileme fırsatı yakalamış olursunuz. Samimi, gösterişten ve yapmacıklıktan uzaklaşmak dürüst bir ilişkinin başladığının göstergeleridir. Hoş olmayan taraflarınızı partnerinizin görmesine izin vermek ve kendinizi rahat bırakmak onun gerçekte kim olduğunuzu bilmesini sağlar ve böylece sizi olduğunuz haliyle kabul etmesine izin vermiş olursunuz. Bu elbette diğer taraf için de geçerli. Derin bağlar kurmanın yolu dürüstlükten ve samimi olmaktan geçer. Klişelere ve formalitelere takılmayın. Yüzeyde vakit kaybetmek yerine derinleşin ve birbirinizin gerçekte kim olduğunu keşfedin.

- ***Konuştuğunuz konular evlilik ve aile hayatıyla mı ilgili?***

İlişkilerin başlangıcında konuşmaların ekseni daha çok birbirinizi tanımaya yöneliktir. Sevdiğiniz ya da sevmediğiniz şeyler, geçmiş yaşantılar, günlük rutininiz gibi konular ilk başlarda sohbetlerinizde daha geniş yer kaplar. Zaman ilerledikçe planlar, programlar, hayaller üzerine de konuşmaya başlarsınız. Hatta ciddileştikçe konunun merkezi beklentiler ve gelecekle ilgili planlara doğru kayar. Bu konuda konuşmayı tercih etmek ortak bir gelecek kurma düşüncesinin oluştuğu anlamına gelir. Ailenizi tanımak istemesi, evlilikle ilgili fikrinizi sorması, çocuk beklentinizin olup olmadığını merak etmesi ilişkinin ciddiyetine dair işaretlerdir.

- ***Hayatla ilgili yeni planlarından bahsediyor mu?***

Gelecekle ilgili konuşmalar yaparken kendi hayatınızla ilgili değişim planlarınızın olması da yine uzun vadeli bir ilişkinin inşa edildiği anlamına gelir. Finansal konular, yaşam tarzı ya da tamamlanması gereken şeylerle ilgili olarak programınızı gözden geçirmeniz ya da sevgilinizin kendi hayatıyla ilgili yeni tasarılar sunması sadece bir taraf değil diğer taraf adına da bazı planlamaların yapıldığını gösterir. İlişki dışında hayatla ilgili alınan kararlardan bahsetmek önemlidir, bu sadece sizi sevgili değil aynı zamanda iyi bir yol arkadaşı da yapar. Destek olmak, tavsiyelerde bulunmak, alınacak önemli kararlarla ilgili akıl danışmak yerinizin özel olduğunu hissettirir.

- ***Parasal mevzularla ilgili rahatça konuşabiliyor musunuz?***

Hayatınızdaki insanın maddi durumuna dair detayları biliyorsanız ve bunları rahatça konuşabiliyorsanız ciddi bir ilişki içinde olduğunuzu düşünebilirsiniz. Üstelik ekonomik meselelerle ilgili konuları konuşabilme rahatlığına erişmek sizi zorlayan şeylerden kurtulmanızı da sağlar. Sevgilinizi özel ve değerli hissettirmek adına hediyeler alma, pahalı yerlere götürme konusunda endişelenmenize de gerek kalmaz. Maddi anlamda yaşanan zorluklardan ya da kazançlardan bahsediliyorsa ortak bir hayata doğru adımlar atılıyor demektir.

- ***Arkadaşlar ve aile üyeleriyle tanışmaya başladınız mı?***

Eğer partneriniz sizi arkadaşları ve aile üyeleriyle tanıştırıyorsa sizinle kısa süreli ve basit bir ilişkiden daha fazlasını kurmak istediğini göstermeye çalışıyordur. Bu aynı zamanda sizi kendi hayatına daha fazla dahil ettiğini de anlatır.

- ***Sizinle bir gün konuşmadan devam edemiyor mu?***

Yapışık bir ilişki sağlıklı olmayan şeylerin habercisi olabilir ancak gün içinde birbirinizin sesini duymak, nelerle uğraştığını bilmek ilişkinizin sağlamlığını gösterir. Partneriniz sizi merak etmiyorsa, gün içinde yaptıklarınızla ilgilenmiyorsa ya da haberleşme sıklığınız uzunsa bu size olumsuz bir şeyler anlatıyordur.

- ***Her anınızda yanınızda mı?***

Hayat koşturmacası içinde başımıza türlü haller gelir. Bazen ayağımız takılır ve düşeriz ya da hastalıklar, kayıplarla karşılaşırız. İyi günlerden daha ziyade kötü zamanlarda sevdiklerimizi arar kalplerimiz. Sadece güneşli zamanlarda değil fırtınada da elinizi tutan biri size değer veren biridir. Zor zamanlarınızda yaslanacağınız bir omuz, kenetleneceğiniz bir el uzanıyor mu size? Yoksa sessizlikle ve tepkisizlikle mi karşılaşıyorsunuz? İyi gün dostu olmak kolaydır. Ancak zor zamanlarınızda da sizi yalnız bırakmıyorsa bu değerli bir ilişkinin içinde olduğunuzu gösterir.

İlişkimi Evliliğe Nasıl Taşırım?

Her ilişki gibi her evlilik de eşsiz ve özel dinamikler üzerine kuruludur. Birbirini seven, önemseyen, değer veren ve hayat yolculuğunda ortak olmak isteyen çiftlerin hayatlarını sevgiyle birleştirmesidir evlilik.

Evliliğin en güzel tariflerinden birini bana göre Halil Cibran yapar. Bakın ne diyor:

"Almitra sözü aldı ve sordu:

Peki üstat; evlilik nedir?

Cevap şöyle geldi:

Siz birliktelik için doğmuşsunuz.

Ölüm meleğinin beyaz kanatları sizi ayırana kadar ayrılmayacaksınız.

Allah'ın sessiz tanıklığında bile beraber olacaksınız.

Ama birlikteliğinizde mesafeler bırakın; bırakın ki, cennetin rüzgârları aranızda dans edebilsin...

Birbirinizi sevin ama aşk tutsaklığı istemeyin...

Bırakın, aşk, ruhunuzun kıyılarına vuran dalgalar gibi olsun...

Birbirinizin bardağını doldurun ama aynı bardaktan içmeyin; ekmeğinizden verin birbirinize ama aynı somundan ısırmayın...

Birlikte şarkı söyleyin; lakin birbirinizi yalnız bırakmayı da bilin.

Sazın telleri de yalnızdır ve armoni içinde aynı melodiyi seslendirir...

Birbirinize kalbinizi verin ama karşılıklı kilitleyip saklamak için değil!

Sadece hayatın eli o kalbi saklar!

Birlikte durun, ama yapışmayın; tapınakların sütunları da bitişik değildir!...

Ve meşe ile çınar birbirlerinin gölgesinde büyümezler..."

Evlilik aynı çatı altındayken de kendiniz olabildiğiniz ama her şeye rağmen kalbinizde sevgi, huzur ve güven duyabildiğiniz yerdir. Mutlu bir evlilik konforlu bir ev ortamının kurulduğu, faturaların ödendiği, sorumlulukların kusursuzca herkes tarafından yerine getirildiği bir birleşmeden çok daha ötesidir. İyi bir evlilik ancak her iki tarafın da kendini güvende, mutlu ve huzurlu hissedebileceği bir düzen kurmakla olur.

Diyelim artık zamanın geldiğini hissediyorsunuz ve ilişkinizi evlilikle taçlandırmayı arzuluyorsunuz. Öncelikle evliliğin bir sevgililik ilişkisinden çok daha kompleks bir sistem olduğunu unutmayın. Şüphesiz sizin için çekici olan ve yaşamınıza değer katacak tarafları var, elbette seviyorsunuz da -ki aşk, sevda kural, kriter tanımaz- ancak konu evlilik olduğunda ayaklarınızın daha sağlam bir şekilde yere basması, kararlarınızın da hem akıl hem de kalp süzgecinden geçmesi gerekiyor. Bu karara ne kadar sahip çıkacağınızı iyice sınayın ve emin olun.

Ya diğer tarafta durum ne? O da sizinle aynı duygularda mı yoksa evlenmeyi aklının köşesinden dahi geçirmiyor mu? Nasıl emin olacak, dahası onu evlilik fikrine nasıl alıştıracaksınız?

- İlişkiler içinde tercih edilebilir olmak diye bir şey söz konusudur. Kendinizden hareket ederek düşünün hayatınıza aldığınız insanı neden tercih ettiniz? İnsanlar kendine bakan, değer veren, geliştiren insanlarla olmayı tercih ederler. Hem dış görüntünüzle hem de içdünyanızla eş adayınızın gönlünü fethetmelisiniz. Sosyal olun, bakımınızdan asla vazgeçmeyin, spor yapın, düzgün beslenin ve dengeli bir yaşam sürün. Eğitim ve kariyer hedeflerinizden -hele ki biri için- asla vazgeçmeyin. Duygusal ve zihinsel gelişiminize özen gösterin, bunun için neye ihtiyaç duyuyorsanız yapın. Kendinize değer vermeniz sevgilinizin gözünde saygı uyandırır ve sizinle hayatı paylaşacak olma fikri gururunu okşar. Her daim güzel, ışıltılı ve keyifli olmaya bakın. Sadece eş adayının değil diğer insanların gözünde de saygı uyandırmak onun gözünde değerinizi artırır.

- İletişiminiz sağlıklı olsun. Fikir ayrılıkları yaşayabilirsiniz, tartışabilirsiniz ancak bunları nasıl çözmeyi tercih ediyorsunuz? Sağlıklı ve huzurlu bir ilişki demek gürültüsüz patırtısız bir ilişki demek değildir. Aksine herkesin fikirlerini özgürce ifade edebileceği, yeri geldiğinde düşüncelerin çarpışabileceği demokratik bir ortam sunulmalıdır. Ancak böyle zamanlarda daha anlayışlı, şefkatli olan, sorunlarla başa çıkabilen kişiler evlilik için de daha ideale yakındır. Tartışmalardan sonra yapıcı olun, sakince çözüm üretin, kendinizi ifade ederek aranızdaki bağı güçlendirmeye odaklanın. Kısaca derdiniz bağcıyı dövmek değil üzüm yemek olsun. Hatalı olduğunuz noktalarda sorumluluk alın ve özür dileyin. Saygıyı korumaya özen gösterin.

• Güven verin ve güvenin. Geçmişinizdeki kötü deneyimleriniz birine güvenle bağlanmanızı engelleyebilir. Ancak geçmişi geçmişte bırakıp yeni bir inançla yola koyulun. Asla önceki yaşantıların faturalarını hayatınızdaki insana kesmeyin ve bunların acısını ondan çıkarmaya kalkmayın. Soru işareti bırakacak, şüphe uyandıracak sözler söylemeyin ve davranışlarda bulunmayın. Verdiğiniz sözleri tutmaya gayret edin. Elbette karşı taraftan da bunu bekleyin.

• Sevgilinize değer verdiğinizi gösterin. Ne yazık ki kimsenin zihnini okuyabilme yeteneğimiz yok, o yüzden sevdiklerimizden sık sık güzel sözler duymak, değerli olduğumuzu hissettirilmeyi bekleriz. Onaylayın, takdir edin, övgüyü hak ettiği yerlerde övmekten korkmayın. Romantik jestler, sevgi dolu yaklaşım ve ilgi ilişkinizdeki bağlılığı güçlendirir.

• Eğer evlenmeyi hayal ettiğiniz kişinin size bağlı kalmasını istiyorsanız siz de ona bağlanmalısınız. İlişkinizi hayatınızın merkezine getirmeli, ikinci plana atmamalısınız. Ona sadık olduğunuzu hissettirin, buna gönülden inandığında evlilik planlarına dahil olma ihtimaliniz artar.

- Sadece ona değil onun hayatındaki insanlara ve seçimlerine de saygılı olun. Evlilikler sadece evlendiğiniz kişiyi değil onun sosyal çevresini ve aile üyelerini de yaşamınıza katmanız demektir. Kimse ailesine ve arkadaşlarına karşı saygısız olan biriyle ömür geçirmek istemez.

- Birbirinizi bir arada tutan ortaklıklar kadar onun eksik kaldığı yerleri tamamlamaya da zaman ayırın ve sizin onun için ne ifade ettiğinizi anlamasını sağlayın. Bazen elimizdekilerin değerini göremeyiz ya da ancak elimizden gittiğinde fark ederiz. Birbirinizin hayatında kalıcı olmak için yaşantılarınızın kesişim kümesini zenginleştirin ve anlamlı hale getirin. Beraber bir işin üstesinden gelmek, bir ürün ortaya çıkarmak ya da beraberce birinin derdini çözmek ikinizin ortaklığını ve hayatı anlamlandırma çabanızı zenginleştirir. Sadece sizin değil merkezinde sizin olduğunuz ama etrafınızdaki insanlarla, değerlerle birlikte mutlu bir dünya inşa ettiğinizi unutmayın.

Evlenmeden Önce Nelere Dikkat Etmeliyim?

Heyecanlısınız ve hayatınızın aşkını buldunuz. Tek isteğiniz onunla evlenmek ve sonsuza kadar gözlerinin içine bakmak... Peki evlilik sadece tatlı kalp çarpıntılarından ve uçuşan kelebeklerden mi ibaret?

Bir de madalyonun öte tarafı var. Sorumluluklar, çocuklu bir hayat, araya giren diğer aile üyeleri, evlilikte biçilen roller, kültür karmaşası, ev kirası, ödenecek faturalar... Evet bu kısımlar kulağa biraz tatsız gelebilir.

Aşk, sevgi, bağlılık uyum gibi konular bir tarafa bir de ortak sorumlulukların ve görevlerin işin içine girdiği bir kurumdur evlilik. Farklı kültürlerden, yaşantılardan gelen insanların bir arada yaşayacağı ve beraberce çocuk yetiştireceği bir ortaklık... Bu nedenle de evlilik kararını almadan önce dikkat edilmesi gereken şeylere bakmak önemli.

- İlişkilerde uyumlu olmak önemlidir ancak aşk ve tutku gibi güçlü duygular farklılıklar ve zıtlıklardan beslenir. Etkilendiğiniz insandaki farklılıklar zamanla size batmaya başlayabilir. Çekici ve sıra dışı kişilikler evlilik içinde size hiç de düşündüğünüz gibi hoş gelmeyebilir. Yani tutkulu bir ilişkiyi başlatacak şeyler evlilik içinde işlevini yitirebilir. Evlilikte esas konu zıtlıklardan çok uyumdur, birlikte hareket etmek, beraber karar almak ve uygulamak evlilik için çok çok önemlidir. Duygularınızdan biraz sıyrılarak aklınızla da değerlendirme yapın. Bu heyecandan ve tutkudan uzak bir evlilik inşa edin demek değil aksine tutkunun da olduğu ama ortaklığın da bulunduğu bir birlikteliği hedefleyin.

- Evlenmeyi planladığınız kişi dış dünyada nasıl birisi? Örneğin sıkışık trafikte nasıl davranıyor? Lokantada garsona nasıl yaklaşıyor? Arkadaşlarıyla ilişkisi nasıl? Eleştiriye nasıl tepki veriyor? Çok stresli ve gergin zamanlarında nasıl davranıyor? Ünlü psikolog ve psikiyatr Carl Gustav Jung'un ortaya attığı maske kavramından bahsetmeden geçmeyelim. Jung bilinç ve bilinçdışı arasında sürekli bir yer değiştirmenin olduğunu ileri sürer. Örneğin işyerinde sakin, uyumlu, güler yüzlü olan biri kendi evinde ailesine karşı son derece sinirli, aksi ve çekilmez biri haline gelebilir. Jung bu noktada devreye girer ve şu soruyu sorar: Hangisi gerçek kişiliktir? Gündelik hayatta hepimizin maskesi vardır Jung'a göre ve hiçbirimiz tam olarak kendi gerçekliğimizi sergilemeyiz, bir anlamda saklanırız, bazı taraflarımızı gölgede bırakırız. Ancak karakter baskı altında ortaya çıkar. Bu nedenle evleneceğiniz kişiyi farklı ortamlarda gözlemleyin, mümkün olduğunca evlenmeden önce kişiliği ile ilgili veriler toplayın. İlk izlenimlerin büyüsü dağılınca hiç beklemediğiniz gerçeklerle karşılaşabilirsiniz. Bunun için de yeterince zamanı ayırdığınızdan emin olun.

• Her ilişkide sürprizler kaçınılmazdır. Hayatınızdaki insanın alışkanlıkları, yaşam tarzı belli nedenlerle değişim gösterebilir. Ancak bazı alışkanlıklar ve tutumlar daha ilişkinin başında kendini gösterir. Alkolizm, kumar ya da madde bağımlılığı gibi... Karşınızdaki insanı kaybetmemek ya da onu kırmamak pahasına bazı şeyleri görmezden gelmeyi tercih edebilirsiniz. Henüz çocuklu bir hayata adım atmamışken ve aile düzeniniz kurulmamışken bunlar size batmayabilir. Evlendiğinizde görmezden geldiğiniz her şey su yüzüne çıkacaktır, öncesinde batmayan huyların da size daha çok batacağı gibi. Bu tip durumları göz ardı etmeyin, çözüme kavuşturma niyetiniz varsa konuşmayı ertelemeyin ve adım atın.

• Evleneceğiniz kişiyle yaşam tarzınız birbirine ne kadar benziyor bakın. Genelde yaşam tarzı birbirine benzeyen çiftlerin daha uzun süreli birlikteliklere imza attığını söyleyebiliriz. Benzer kültürlerden gelen, eğitim seviyesi birbirine yakın, aynı dili konuşan birinin hayatınızda olması uyum açısından önemlidir. Aradaki sosyal ve ekonomik farklılıkları göz ardı etmeyin. Çünkü ilişkide göz ardı ettiğiniz şeylerin ileride çatışma doğurma ihtimali vardır.

- Evlilikte rutin ve monotonlukla boğuşabilir hale gelebilirsiniz. Psikolojik ve ruhsal olarak güçlü ve dirençli olmanız gereken durumlarla sınanabilirsiniz. Kimse yüklenebileceğinden fazlasıyla uğraşmak zorunda değildir ancak bazen inişli çıkışlı yolları dolanmak durumunda kalabilirsiniz. Bu anları da hesap ederek kendinizi sınayın. Bazı anlarda fedakârlık yapabilir misiniz? Evliliğinizi korumak ve kollamak adına kendinizden ne kadar ödün verebilirsiniz? Bunun maliyeti bazen hiç planlamadığınız kadar ağır olabilir. Endişelerinizi mutlaka gözden geçirin.

- Çocuk konusundaki beklentilerinizi birbirinize açık ve net bir şekilde ifade edin. Ve bazen bu konuda insanların fikrinin değişebileceğine dair sürprizlere de açık olun. Çocuk hayaliyle kurulan bir yuvada pek çok nedenden dolayı bu kararın ertelenmesi isteğini duyabilirsiniz. Ya da fizyolojik sebeplerden dolayı istediğiniz halde bir çocuk sahibi olamayabilirsiniz. İlerleyen zamanlarda problem yaşamamak adına her şeyi netleştirin.

- Yaşadığınız ilişki evlilik öncesi bir simülasyon gibidir. İlişkinizde yaşadıklarınız size az çok fikir verir. Tartışırken nasıl bir ruh hali içine girdiğini gözlemleyin. Kavga ederken saygı boyutlarını aşıyor mu? Sürekli birbirinizi taşlıyor musunuz? Özür dileyen taraf hep siz mi oluyorsunuz yoksa herkes suçunu kabul etme noktasında adil mi? Duygularınızı ifade edebilmek için özgür bir alana sahip misiniz yoksa sürekli susturuluyor musunuz? Agresif mi, şiddete başvuruyor mu? Peki ya siz? Sinirlendiğinizde kontrolden çıkıyor musunuz, bir şeyleri kırıp döküyor musunuz? Öfkeli anlarda sakinliği korumak zordur ancak ateşle barut gibi iki sinirli insanın yan yana gelmesi telafisi zor şeylerin yaşanmasına neden olabilir.

En sağlıklı ilişkiler tartışma yaşansa da saygı çerçevesinde sorunların çözüldüğü ve uzlaşmaya varıldığı ilişkidir.

• Evlilikte en önemli başlıklardan biri de ailelerdir. Eşinizle kurduğunuz ilişki kadar onlarla da kurduğunuz ilişkinin evliliğinizi etkileyeceğini unutmayın. Çok sık olmasa da görüşmek, vakit geçirmek durumunda kalacağınız anlar olacak. Hatta çocuğunuz olduğunda bakım konusunda onların desteğine de ihtiyaç duyacaksınız. Genellikle düğün hazırlıkları sırasında aileler arasında gerginlikler yaşanabilir. Her iki taraf kendi beklentisini diğer tarafa dayatmaya kalkabilir. Evlendikten sonra da evliliğinize müdahale etmek, karışmak, ekonomi konularında yönlendirmek söz konusu olabilir. Bu gibi durumlarla karşılaşacağınızı hesap ederek değerlendirmenizi yapın. Sıcak ama mesafeli ilişkiler kurmak en başından belki de alabileceğiniz bir önlem olabilir. Artık onların çok da dahil olmayacağı, eşinizin ve sizin kararlarınızla yürüyeceği bir birlikteliğin inşa edildiğini onlara hissettirebilirsiniz. Bu anlamda özgürlüğünüzü hem kendiniz hem de eşiniz olacak kişi için korumalısınız. Eğer evleneceğiniz kişi bu konuda tutucu ise bunu da gözden geçirmelisiniz.

• Evlilikte en çok gündemde olacak konulardan bir diğeri de paradır. Her şey her zaman iyi gitmeyebilir. Ekonomik olarak zorlandığınız, borçlandığınız hatta bazen geçim sıkıntısı çekeceğiniz zamanlar olacaktır. Tüm bunları göğüslemeye hazır olmalısınız. Daha evlilik aşamasında düğün masrafları, ev, eşya giderleri derken yollarını ayıran çiftlerle karşılaşıyorum. Para her şey değildir ama çok şeydir. Huzurunuz, sağlığınız, güvenliğiniz, özgürlüğünüz paraya bağlıdır. Klişe sözlerden biridir ancak günümüz dünyasında iki gönül bir olunca samanlığın seyran olacağı fikri gerçeklikten oldukça uzaktır. Eğer mümkünse herkesin kendi finansal özgürlüğünü eline alması da çok mühimdir. Özellikle bazı kadınların evlendikten sonra çalışmak istememesi ya da çalışmamaya zorlanması gibi durumlar gözden geçirilmelidir. Eğer her şey eşit şartlarda kurulursa denge ve huzur da beraberinde gelir. Parasal tutumlarınız, bu tip sorunlarla karşılaştığınızda nasıl çözeceğiniz, ne kadar kazandığınız gibi konularda birbirinize karşı ne kadar dürüst olursanız evliliğinizi o kadar iyi bir temele oturtmuş olursunuz.

• Evlenmeden önce kendiniz için yapabileceğiniz her şeyi evlendikten sonra yapabiliyor olmalısınız. Kendinize özel alan yaratmak, hobilerinize devam etmek, eğitim alıyorsanız kesintiye uğratmamak, arkadaşlarınızla görüşebilmek evlendikten sonra kenara kaldırmanız gereken şeyler olmamalı. Tüm konuları özgürce konuşun. Kişisel özgürlüklerinize saygı göstermeyi en başta kabul edin ve ettirin.

• Evleneceğiniz kişinin çalışma arkadaşlarıyla yakınlıkları, iletişimi, eğer yapıyorsa seyahatlerinin sıklığı sizin için sorun teşkil edebilir mi? Özellikle farklı alanlarda çalışan çiftlerde çalışma saatlerinden rutinlere kadar her şey değişkenlik gösterecektir. Sarkan toplantılar, ani gelişen iş yemekleri konusunda yeterince tolere edici olabilir misiniz? Eşinizin çalışma saatlerinden memnun olmadığınızda ya da arkadaşlarıyla kurduğu iletişiminden mutlu olmadığınızda yani eşinizi kıskanmayı gerektirecek herhangi bir durum içerisinde bulunduğunuzda nasıl davranacağınızı ve bunun ne kadarını kabulleneceğinizi iyi düşünmelisiniz. İlk zamanlar tolere edilebilir şeyler gibi gözükse de zamanla bu gibi durumlara alışamadığınızı görür ve bunlar yüzünden tartışma yaşayabilirsiniz.

- Bazı çiftler evlilik öncesinde cinselliği deneyimlemek isterler. Bazıları da bu özel gün için evlenmeyi bekleyebilirler. Peki bu konuda ortak beklentileriniz neler? Ne kadar açıksınız? Birbirinizi ne kadar istiyorsunuz? Çoğunlukla ilişki başında daha ateşli olan seks hayatı sonrasında sizi tatmin etmeyecek bir noktaya getirebilir. Ya da tam tersi aranızda tensel olarak bir çekimin olmadığını hissediyor olabilirsiniz. Karşılıklı iletişim ve anlayışla sorunlarınızı çözebilecek misiniz? Herkes bu konuda tabularını yıkmaya hazır mı? Açıklıkla üzerinde durulması gereken önemli sorunlardan bazıları da bunlardır.

Evlendikten Sonra Her Şey Değişti, Ayrılmalı mıyım?

Çok sorulan sorulardan birisidir: "Evlilik aşkı öldürür mü?" Büyük heyecanlarla başlayan evliliklerde çok kısa bir süre sonra eşlerin bambaşka bir kimliğe büründüğü görülür. Hatta bu yüzden korkan, umutsuzluğa kapılanların sayısı da az değildir. Evlilik her iki eş açısından da büyük bir değişimdir.

Genelde evliliğin ilerleyen zamanlarında çiftlerin birbirleriyle daha uyumlu hale geldiği görülür. Zaman içinde birbirini daha iyi tanımak ve anlayıştır bu uyumu getiren. Ancak bazen de yeni bir hayata adapte olma çabası ters tepebilir ve beklentiler birer hayal kırıklığına dönüşebilir. Ancak unutmayın evlilik nihai bir son değil birlikte sürdüreceğiniz yeni bir başlangıçtır.

Erkek açısından da kadın açısından da evlilik başka bir şekilde hayal edilebiliyor. Kadın akşam yemek masasını hazırlamış ve eşini heyecanla beklerken eşi yorgun argın bir vaziyette geliyor ve eşinin suratına bile bakmıyor. Benzer şekilde erkek evinde daha düzenli bir yaşam ve ilgi alaka beklerken bir bakıyor ki eşi dosyaların arasına gömülmüş, başını kaldırmadan çalışıyor.

Evlenmeden önce bir arada yaşama deneyimi olmayan çiftler açısından durum daha çok sürprize gebe olabilir. Yeni bir hayat, yeni ev düzeni, yemek yeme alışkanlıkları, televizyon seyretme seçenekleri bile sorun haline gelebilir. İki kişilik bir hayat kurmak ne kadar sevseniz de kolay olmayabilir. İstekleriniz, arzularınız ikinci planda kalıyor gibi hissedebilirsiniz. Ya da sorumlulukların büyük kısmı sizin omuzlarınıza yüklenebilir.

Evliliklerin kötü gitmesinin sebeplerinden biri yanlış beklentilerdir. Kendinizi kurduğunuz bir evlilik illüzyonuna kaptırmanız ancak sonrasında duvara çarpmanız sadece eşinizle ilgili bir durum olmayabilir. Karşımızdaki insanı gerçekleştiremeyeceği beklentilerin içine hapsetmek zorlayıcıdır. Çift olarak birlikte büyümeye ve gelişmeye açık olmalısınız. Olumsuz anlamda değiştiğinizi düşündüğünüz şeyler neler? Sizde durum ne, siz nasıl bir değişim geçiriyorsunuz? Ayrılmak, bir evliliği bitirmek zor bir karardır. Ayrılma kararı almadan önce yapmanız gereken şeyler olabilir mi? Belki de değişen tek şey sizin bakış açınız, belki tanımadan gerçekleştirdiniz bu evliliği belki de bazı şeyleri çok büyüttünüz.

- Öncelikle kendinizi gözden geçirin. Evlenmeden önceki beklentileriniz ile şimdiki beklentilerinizi kıyaslayın. Ne gibi farklılıklar var? Hiçbir şey umduğunuz gibi değil mi? Ya da geçici durumlardan kaynaklanan sorunlar mı yaşıyorsunuz? Evliliğinizde sizi mutsuz eden şeyler ne bunlara odaklanmaya çalışın. Eğer ki şiddet, aldatma gibi evliliği temelden sarsacak bir durum yoksa küçük dokunuşlarla evliliğinizi kurtarmak mümkündür. İşin içinden çıkamadığınız durumlar içinse eşinizle birlikte terapi alabilirsiniz.

- Hoşunuza gitmeyen durumları eşinize sağlıklı ve kendinizi ifade edecek şekilde aktarın. İletişim her şeydir. Kendinizi kapatmanız, alınganlık yapmanız, küsmeniz iletişim kanallarını tıkar. Konuşarak çözmeyi deneyin. Kimse sizin içinizde dönüp duranları bilemez. Yanlış anlaşılmalardan, iletişimsizlikten dolayı ilişkinizi feda etmeyin. Anlaşmazlıkların ve boşanmaların en büyük sebebi eşlerin birbirine kendini doğru bir şekilde ifade edememesidir. İçinizdeki her şeyi dökün, anlatın. Bunu yaparken de suçlayıcı bir dil kullanmaktan sakının, sakince hissettiklerinizi ve yaşadıklarınızı aktarın. Özellikle aynı ev içindeyken iletişiminizi kesmeyin ve ayrı yerlerde uyumayın. Gece aynı yatakta uyumamak, "Sen yat ben geliyorum" tavrı problemlerinizi çözmekten ziyade ilişkinizi daha çok çıkmaza sokmak demektir.

- Her şey değişir ve dönüşür, bu bir tabiat kanunudur. Yaşadığınız ilişki de evlilik de değişecektir. Bazen çok tutkulu, bazen normal seyrinde, bazen de tatsız tuzsuz gibi gelebilir. İlk zamanlardaki tutku ateşinin yanmasını her zaman beklemek yanlıştır. Ama bunu canlandırmak adına elbette yapabilecekleriniz vardır. Her değişim sizi korkutmasın ve endişeye sürüklemesin. Bazen olağan seyrinde yaşanması muhtemel değişimler olacaktır. Bu gibi durumlarda ne istediğinize odaklanın ve adım atın.

- Evliliğin ilk zamanlarında beraber geçirilen anlarda azalmanın olması size ürkütücü gelebilir. Ancak eşinizin kendine daha çok zaman ayırmayı istemesi sizi korkutmasın.

Dönemsel olarak her insan buna ihtiyaç duyar. Belki bir süre tek başına kalmak, hobilerini tek başına yapmak isteyebilir. Bu tek başınalık bir şey anlamına gelmez. Karşılıklı olarak ayrı planlar yapmak çok da sağlıklıdır. Bu yüzden bu konuda birbirinizi teşvik dahi etmelisiniz.

- Evlendikten sonra seks rutininiz de eskisi gibi olmayabilir. Monotonlaşan cinselliğinizi hareketlendirmenin yollarını keşfedin. Cesur olmaktan ve yeniliklerden korkmayın. Eğer bu anlamda sorunlar yaşıyorsanız mutlaka bir uzmandan destek alın, eşinizle konuşarak birlikte gitmeyi de teklif edebilirsiniz.

- Yaşadığınız şeye evlilik gibi değil flört gibi bakın. Attığınız imza ilişkinize bakışınızı değiştirmesin. Hâlâ ilk zamanlardaki iki sevgili gibi davranın birbirinize. Özen, sevgi, şefkatin yanı sıra flört aşamasındayken dikkat ettiğiniz her şeyi yine aynı özenle sürdürün. Aynı eve giriyor olmak beklentilerin sınırsız olması ve sürekli tatmin edilme talebinde bulunmak değildir. İki yetişkin olarak ortaklık kurmaktır evlilik. Aşırıcı müdahaleci olmayın, sürekli şikâyet etmeyin. Değişimi sağlamak için sabırlı ve anlayışlı olmaya özen gösterin. Zaman içinde gelişen uyumla pek çok sorunun kendiliğinden ortadan kalktığını göreceksiniz.

Yaşadığım İlişkinin Zaman Kaybı Olduğunu Nasıl Anlarım?

İlişkilerin başlangıçları her zaman büyülüdür. Karnınızdaki kelebekler, uçuşan renkler her şeyi tozpembeye boyar ve her şeyin mükemmel bir uyum içinde aktığını hissedersiniz. Ancak zaman ilerledikçe tozpembe dünya gerçek renklerine kavuşur, kelebekler kaybolur ve gerçekleri görmeye başlarsınız. Yanılsamalar uçup gitmiştir.

İlişkinin ciddiyet kazanması gündeme farklı konu başlıklarını beraberinde getirir. Sorunlar, çatışmalar iyice su yüzüne çıkmaya başlar. Eskiden basit bir akşam yemeğiyle bile mutlu olurken artık bazı şeyler yetmemeye başlar. Bu aşamada bazı sorular belirir zihninizde: Yanlış kişiyle mi birlikteyim?

Eğer böyle bir şüphe içindeyseniz hem kendinizde hem de hayatınızdaki kişiyle ilgili bazı şeyleri gözden geçirme ihtiyacı doğar.

Bazı ihtiyaç ve sorunların nedeni bugünde değildir. İlişkinizde ters giden bir şeyler olduğunu düşünüyorsanız bugüne olduğu kadar geçmişe bakmanızda da fayda vardır. Geçmişteki kötü deneyimler, travmalar, değersizlik duygusu geçmişinizden bugüne taşıdığınız ve farkında olmadan ilişkinizi esir eden olumsuz deneyimlerdir.

Geçmişteki başarısız ilişkiler her yeni ilişkide korku, güvensizlik, aşırı sevgi talebi gibi duyguları tetikleyerek sizi esir edebilir. Unuttum bitti dedikleriniz siz farkında olmadan size hâlâ acı çektiriyor olabilir.

Ancak başarısız bir ilişkinin nedeni sadece siz değilsinizdir. Hayatınızdaki insan bazı şeyleri yanlış yapıyor olabilir mi? Ortak paydanız nedir? Karşılıklı olan ilişkiden aynı şeyleri mi umuyorsunuz?

Bu soruların yanıtlarını bulmak ve uzun vadede ilişkiden beklentinizi tespit etmek zamanınızı ve enerjinizi boşa harcamanızı önleyecektir. Bir ilişkinin zaman kaybı olduğunun işaretleri neler olabilir?

- Beraber vakit geçirdiğiniz anlarda ya da yan yana olmadığınızda araya giren uzun sessizlikler oluyor mu? Bu elbette sürekli yan yana olan iki insanın sessizliğiyle aynı şey değildir. Bazen sessizlikle de anlaşmak mümkündür. Fakat ortak değerlerin kaybolduğu ya da bitmiş bir ilişkide araya giren sessizlikler aslında çok şey anlatır. Paylaşımın azalması, merakın kaybolması bir ilişkinin bittiğine dair işaretlerdir.

- İlk günlerdeki heyecanın monotonluğa dönmesi normaldir ancak artık birlikte yapacak yeni bir şeyiniz yoksa bunu bir uyarı olarak alabilirsiniz.

- İlişkinin ilk zamanlardaki enerjisi yüksektir, hem paylaşım hem de birbirini arzulama, cinsellik çok daha fazladır. Bu yüzden hijyen, görünüm çok daha dikkatli olunan alanlardır. Ancak partneriniz eskisi gibi görünümüne önem vermiyorsa, sizin için önemli olan bazı şeylere dikkat etmiyorsa, kılığı kıyafeti, kişisel bakımına eski özenini göstermiyorsa sizi fazla umursamadığını anlatmak istiyor olabilir.

- Tartışma ve çatışmalar her insan ilişkisinde olacaktır. Ancak sürekli aynı problem üzerine konuşmak bazı şeylerin çözülmediğini gösterir. Bazen de sudan sebeplerle tartışmaların büyümesi söz konusu ise dikkatli bir gözlemci olun ve izleyin. Bazı ayrılıkların bahanesi bu bir türlü çözülemeyen problemlerdir. Peki bu gerçekten çözülmeyecek bir problem mi yoksa bir kaçış tüneli mi kazılmaya çalışılıyor? Burada biraz daha uyanmış olmak gerekli. Kendinizi anlatmaya çabalarken büyük resmi gözden kaçırıyor olabilirsiniz.

- Planlarından, hayallerinden bahsederken siz bunların bir parçası mısınız yoksa bir hayalet gibi mi duruyorsunuz? Gelecek planlarında yeriniz yoksa bu partnerinizin ilişkiniz hakkında bir beklentisinin olmadığını gösterir.

- Kendi planlarından ziyade sizin anlattıklarınızı, yaşam hedeflerinizi, projelerinizi önemsemesi de işaretlerden birisidir. Çiftler birlikte oldukları insanların en uçarı hayallerini bile duymak ve ortak olmak ister, dahası merak ederler. Partnerinizin size karşı duygusal olarak açık ve şefkatli olmaması olumsuz sinyaller arasındadır.

- İlişkinin ciddi olduğunun en net göstergelerinden biri ailelerin, arkadaşların paylaşıma dahil edilmesidir. Eğer bu anlamda bir direnç sergileniyorsa, bundan kaçınma çabası varsa ve dahası sözü bile edilemiyorsa güçlü bir beraberliğin oluşması için çok az umut ışığı var demektir.

- Ve gelelim en önemli işarete sadece ikinizken sevgili gibi davranıyor, beraber vakit geçirirken mükemmel hislerle doluyorken başkalarının yanında sizden uzak duruyorsa, arkadaşlarına sizi "arkadaşım" diye tanıştırıyorsa ciddi bir ilişkiden çok uzaktasınız demektir.

Sevgilimi Ailem Sevmedi, Ne Yapacağım?

O büyük anlardan biri daha geldi ve hayatınızdaki kişiyle ailenizi tanıştıracaksınız. Ev ortamında rahat olamayacağınızı düşünüp dışarıda bir tanışma yemeği tertiplediniz ve herkes masada yerini aldığında sohbet başladı. Büyük umutlarla ve hevesle bir araya getirdiğiniz ve her birine ayrı değer verdiğiniz insanlar nihayet yan yana. İçinizde büyük bir heyecan var ama yüzlerde bazı olumsuz ifadeler belirmeye başladı... En yakınlarınız bir an evvel yemeğin bitmesi için dua eder gibi gözlerinize bakıyor, sevdiğiniz insansa sessizleşti ve bozuldu. Ters giden bir şeyler mi var?

Hayatınızda olmasını istediğiniz ve değer verdiğiniz insanın ailenizdekiler tarafından sevilmemesi zor bir durumdur. Hele ki evlilik düşünülüyorsa birbiri ile geçinmeme ihtimalleri sizi de sıkıntıya sokar ve üzer. Farklı insanların bir arada uyumlu olabilmesi için en önemli şey anlayış ve sevgiye açık olmaktır.

Sevdiğiniz kişinin ailenizce onaylanmaması hayal kırıklığı ve üzüntü yaratır. Ancak öncelikle bunun -tamamen- bir aile ilişkisi olmadığının farkına varın, yani merkezde siz varsınız ve geri kalan her şey sizin etrafınızda konumlanıyor. Birbirine yeten ve seven iki insanın hayatlarına ortak olmaya çalışanlar her ilişkide yıpratıcı olurlar, buna müsaade etmemeniz gerekir. Kaldı ki sizden yaşça büyük olan anne babanız ya da sizden daha küçük olan kardeşinizden kaynaklanan çeşitli olumsuz geribildirimler kuşak farklı nedeniyle söz konusu olabilir. Örneğin daha geleneksel değerlere bağlı anne babanızın dövmeli, küpeli sevgilinize pek de sempatik bakmayacağını düşünebilirsiniz. Onlar kendi yaşam tarzlarına uygun bir damat-gelin adayı görmek isteyebilirler. Bu genelde sık karşılaşılan problemlerden biridir. Kültürel değerler, aileden gelen kalıplar, toplumsal kodlar aktarılarak devam ederler ve bu nesiller boyu böyle sürer. Eğer sorun yaşam tarzı, görünüm, inançlar gibi konularsa ortak bir payda yakalamak çok daha kolaydır. Böyle bir durumda ailenize onu sevdiğiniz kadar sevildiğinizi, onun size ne kadar önem verdiğini, dahası bu değişimin onun için de geçerli olduğunu ama bu durumu aşmak için gerekli özeni ve çabayı gösterdiğini anlatın. Sevgilinizi ailenizle daha sık bir araya getirerek aslında ortak değerler taşıdıklarını fark etmelerini sağlayın. Bizler farklı yaşantılardan gelsek de hepimiz ortak değerler için bir aradayız. Sevgi, birlik duygusu, paylaşım, şefkat gibi duygular çoğaldıkça olumsuz hiçbir şeyin kalmayacağını ve buzların eriyeceğini göreceksiniz.

İlk başlardaki olumsuz imajı yıkmak için ailenize hayatınızdaki kişiyle yaşadığınız problemleri asla anlatmayın. "Biz sana demiştik!" lafını duymak istemiyorsanız sorunları aranızda çözün ya da yakın arkadaşlarınızla konuşun.

Eğer ilk buluşmada siyaset, inançlar gibi keskin hatlı konularda fikir ayrılıkları belirdiyse bir sonraki görüşmenizde bu konuların açılmamasına dikkat edin, eğer açılırsa da konuyu nazikçe değiştirin. Önemli olan olumsuzluklardan ziyade olumlu taraflara odaklanmayı sağlamaktır. Kimsenin pire için yorgan yakmasına seyirci kalmayın.

Eğer aileniz tanıştırdığınız kişiyle ilgili olumsuz geribildirimlerde bulunursa asla kulak ardı etmeyin. Sizin göremediğiniz –özellikle ilişkinin başlarında iken– ama onların dikkatini çeken bazı ipuçları size bir şeyler anlatıyor olabilir. Bunları soğukkanlı bir şekilde irdeleyin. Eğer çok ciddi kaygılardan bahsediyorlarsa, sevgilinizi güvenilmez buluyorlarsa ya da şüpheleri varsa onların hislerini yabana atmayın ve üzerinde düşünün. Özellikle ailenizle samimi bir iletişimiminiz varsa, daha önceki planlarınızda sizi destekledilerse bu uyarıyı özellikle dikkate alın. Elbette onlar her zaman sizin iyiliğinizi istiyorlar ve sizi koşulsuz seviyorlar. Her anne baba çocuklarını korumak ister ancak bazen de eleştirinin dozu kaçabilir, onlar siz ne yaparsanız yapın asla mutlu olmuyor ve her seçiminizi eleştiriyorlarsa özerkliğinizi kollamak adına bazı şeyleri duymazlıktan gelmeyi öğrenmeniz gerekir. Onların söylediklerini bu ayrımı gözeterek değerlendirmenizde fayda var.

Ailenize sevgilinizi de bu ailenin bir parçası olarak gördüğünüzü açık bir dille ifade edin. Ufak tefek şeyleri sorun etmeden aileye yeni birini katmanın ve uyumla yaşamanın sizin için ne kadar anlamlı olduğunu anlatın. Konuşurken isyankâr tavırlar ve sert tutumlar içine girmeyin. Saygı çerçevesini bozmadan sevgi diliyle konuşun.

Elbette bu resmin içine girmeye çalışan sevgilinize de durumu izah edin. Onun için çabaladığınızı fark ettirin ve ondan da destek isteyin. Ailenizin fikirlerini değiştirme ve bazı kalıpları kırma konusunda yardımcı olması gerektiğini, bu durumu beraberce aşabileceğinizi söyleyin.

Unutmayın merkezde siz varsınız. Olur olmadık beklentiler için inandığınız sevgiden asla vazgeçmeyin ve ilişkiniz için savaşın. Ancak bunu kimseyi kırıp dökmeden, ailenizle aranıza mesafe sokacak şekilde de yapmayın. Bazı şeylerin çözümünü zamana bırakın. Zaman her şeyi değiştirir ve dönüştürür.

Sevgilimin Benden Uzaklaştığını Hissediyorum, Bu Ne Demek?

Yakın olduğunuz insanla araya giren mesafe ve soğukluk inciticidir. Bir zamanlar aşkla, sevgiyle baktığınız gözler bir yabancı gibi bakmaya başladığında acı çekersiniz. Acaba beni artık sevmiyor mu? Başka biri mi var? İlişkimizin miadı mı doldu? Benden sıkıldı mı? Yoksa kişisel bir problem mi var? Sorular arasında boğulmak yerine yapabileceklerinize odaklanın.

- Öncelikle ilişkinizde bir mesafelenmenin varlığını hissediyorsanız genel bir durum değerlendirmesi yapın. Hayatınızdaki insanın yaşantısında akut bir sorun var mı? İşle ya da kendi kişisel meseleleriyle ilgili problemler yaşıyor olabilir mi? İlişkideyken sadece kendinizi merkeze koyma bencilliğine yenik düşebilirsiniz ancak dünya sadece sizin etrafınızda dönmüyor. Son zamanlarda size daha az vakit ayırıyorsa, yanınızdayken sizden kopuksa, sürekli düşünceler içindeyse öncelikle hayatında bir problem olup olmadığını bulun. Belki de yardıma ihtiyacı vardır.

- Hayatında ilişkinizi etkileyecek denli büyük bir sorun yoksa işaretleri okumaya devam edebilirsiniz. Günlük rutininizde önemli değişimler varsa, daha az konuşuyor ve haberleşiyorsanız, gün içinde söylediklerinize karşı daha duyarsızsa ve eski ilgisini hissetmiyorsanız sizden uzaklaşma eğiliminde olabilir. Unutmayın merak bir ilişkinin en önemli unsurudur, eğer hayatınızdaki kişi sizi merak etmiyorsa size karşı duygularında değişmeler var diyebiliriz.

- Eğer sizin için eskisinden daha ulaşılamaz ve meşgul görünüyorsa dikkat edin. Her koşulda size bir şekilde yanıt veren sevgilinizin meşgulüm diyerek size geç dönmesi işaret olabilir. Elbette istisnaları ayrı tutarak bakın, yoğun iş hayatı, seyahat gibi durumlarda bunlar olabilir. Ancak olağandışı gelişen kopukluklar önemli işaretlerdendir.

- Soru sormak ilişkide herkesin hakkıdır. Ancak sorularınıza ters cevaplar geliyorsa, açmaya çalıştığınız konular kapatılıyorsa sevgilinizden size karşı bir direnç gelişmiş demektir. İletişim halinde kalmaktan kaçmak için gösterilen direnç uzaklaşmanın işaretidir.

- Sizinle daha az görüşmek istemesi, size daha az zaman ayırması uzaklaştığının başka kanıtlarıdır. Sizinle olmak için özel zamanlar yaratmıyorsa, sizin ihtiyaçlarınızdan ziyade tamamen kendi ihtiyaçlarına odaklandıysa ve bunları elde etmek için yanınızda oluyor ve bunun dışındaki zamanlarda ona ulaşamıyorsanız belli bir mesafenin gözetilmeye çalışıldığını anlayabilirsiniz.

Peki ne yapmalı?

Öncelikle yüz yüze konuşun. Konuşma için zamanlamayı iyi ayarlayın. Mümkünse bir plan yapıp daha rahatlayacağınız bir ortamdayken konuşmayı gerçekleştirin. Aklınızdakileri sorun ve net cevaplar isteyin. Bunu sakince yapın. Eğer gerçekten sizden uzaklaştıysa bunu ifade etmesi için rahat bir iletişim sağlayın. Duygusal şantaj yapmayın, suçlamayın. Sadece duymak istediğinizi söyleyin. Eğer hislerinizde yanıldığını ve bu davranışlarının nedenlerini açıklarsa bu durumun size üzdüğünü, bir dahaki sefere daha açık olmak istediğinizi söyleyin. Unutmayın sizi aslında gerçekten sevmeyen ya da oyalayan biriyle birlikte olmak hem çok yaralayıcıdır hem de gerçek sevgiyi bulacağınız insanlardan sizi mahrum bırakır.

Uzak İlişki Nasıl Yürütülür?

İlişkiniz başladıktan sonra çeşitli nedenlerle aynı şehirlerde yaşamak zorunda kalmak ya da farklı bir şehirde yaşayan biriyle duygusal olarak yakınlaşmak akla meşhur sözü getirebilir: Gözden ırak, gönülden ırak. Pek çok insan uzakta olan biriyle bir ilişki sürdürmenin imkânsız olduğunu düşünür. Peki mesafeler sağlıklı bir ilişki için engel midir?

İki insan gerçekten birlikte olmak isterse ne mesafeler, ne kim oldukları, ne nerede yaşadıkları, ne diğer insanların ne dedikleri, ne ailelerin beklentileri, ne de geçmişte ne hayal ettikleri önemli olur. Kalpten birbirine bağlı insanlar, gerçekten sevmeyi bilenler engel koymaz engel yıkarlar.

Sevdiğiyle yan yana olmayı kim istemez? Ancak arada mesafeler varsa bu ilişkiniz için zorlayıcı bir durum yaratır. Kendinizi yalnızlık hisleriyle boğuşurken bulabilirsiniz. İstediğiniz anlarda ona ulaşamamak, paylaşımlarınızın derinleşemediği hissine kapılmanıza neden olur. Ona dokunamamak, sarılamamak, kokusunu içinize çekememek alıştığınız ilişki biçimlerinden farklı gelebilir ve bunu yadırgayabilirsiniz. Ancak bu zorunlu uzaklığı tatlı bir hale getirmenin de yolları vardır.

- Sürekli yan yana olma hali ilişkilerde bir süre sonra duyarsızlaşmayı getirebilir. Uzakta olmanın ilişkinize kattığı özlem, merak gibi duygular iki taraf için de daha motive edici olabilir. İlişkilere dair klişe inançları bir kenara bırakın. Herkes mutlaka gün içinde birkaç saat de olsa görüşmeli, hafta sonları mutlaka beraber geçirilmeli gibi kurallar yoktur. Her ilişkinin kendinden doğan ihtiyaçları, her insanın da ilişkide büründüğü bir tabiatı vardır. Kimisi gerçekten de sık görüşmeyi sevmez, özlemek ister. Eğer bu uzaklık sizin ve partnerinizin doğasına uygunsa mesafeler asla sizin için sorun olmayacaktır.

• İlişkiler her iki taraf için de birer keşif sürecidir. Kurallardan ve şablonlardan özgürleşmiş bir ilişki inşa ettiğinizde mesafeler sizin için bir engel değil aksine sevginizi güçlendirecek bir araç haline gelir.

• Uzakta olduğunuzda iletişim kuracağınız kanallar bellidir. Mesajlaşma, mail ya da görüntülü konuşmalarla onun yanında olduğunuzu hissettirin. Günaydın ve iyi geceler mesajlarıyla varlığınızı hatırlatın. Gün içinde gittiğiniz yerlerden fotoğraflar ya da videolar yollamak, arkadaşlarınızın yanında vakit geçirirken bile onu hatırladığınızı göstermek için aramak özel hissettirecektir. Böylelikle sürekli iletişimde kalmış olursunuz. Ayrıca gün sonunda birbirinizi mutlaka görüntülü arayarak, gün içinde yaptıklarınızı paylaşın.

• Uzakta olmanız onu arzulamadığınız anlamına gelmez. Cinsellik sadece bedensel bir süreç değildir duygusal bir boyutu da vardır. Yanınızda olmasa da onu arzuladığınızı gösterin, bazen yaramaz mesajlar atın. Sizin istekli olmanız onu da tahrik edecek ve belki daha sık seyahat planları yapacaksınız.

• Farklı şehirlerde farklı yaşamlar sürmenin olumsuz yanları olacaktır. Herkesin kendi rutinine kapılması ona gösterdiğiniz özeni gölgelememeli. Onun hoşlanmadığı şeyleri yapmaktan kaçının. Örneğin gece dışarıya çıkmanızdan hoşlanmıyorsa bu hassasiyetine özen gösterin. Siz dışarıda eğlenirken aklının sizde olması ya da size eşlik edemiyor oluşundan dolayı duyduğu eksiklik duygusunu büyütmeye izin vermeyin ve onu güçsüz hissettirmeyin.

• Eğer ortak zevklerinizden biriyse beraber online oyunlar oynayın. Netflix'te beraber diziye başlayın ve bölümleri birlikte sırayla izleyin hatta o uygun değilse onun uygun olduğu anı bekleyin. Bu uzakta da olsanız bir ortaklık duygusunun gelişmesine olanak sağlar.

• Sürpriz yapın. Diyelim onun takviminden dolayı çok yakın bir zamanda görüşme ihtimali görünmüyor, o zaman programınıza bir göz atın ve uydurabiliyorsanız yanına gidin.

• Sosyal medya ve diğer iletişim kanalları ile artık haberleşmek çok daha kolay. Ama arada romantik ve eski haberleşme metotlarını hayatınıza katın. Mektup yazmak, kartpostal yollamak tatlı sürprizlerdendir.

• Bu durumun ne kadar süreceğini, ne zamana kadar ayrı yerlerde olacağınızı konuşun. Hiçbir çift uzun süre uzaktan ilişki yürütmek istemez. Planlarınızı birlikte yapın. Planlarınızın aynı yönde olması hem geleceğe daha umutla bakmanızı hem de uzakta geçirdiğiniz zaman içinde daha motive olmanızı sağlar.

• Sevdiğiniz uzakta diye kendi ihtiyaçlarınızdan ve yaşam hedeflerinizden kopmayın. Sizin de bir hayatınızın olduğunu unutmayın. Sosyalleşme, spor, gezme ya da hobileriniz için kendinize zaman yaratın.

• Uzak mesafenin yaratacağı olumsuz duygular vardır. Korku, güvensizlik, kıskançlık, yalnızlık, ilgisizlik bunlardan bazılarıdır. Bunları gizlemeye çalışmayın ya da onun anlamasını beklemeyin. Sınırlı iletişim olanakları nedeniyle ilişkinizi yanlış anlaşılmalara kurban etme riskiniz olmasın. Bu tip duygulara kapıldığınızda açık bir şekilde konuşmayı tercih edin. Üzerini örttüğünüz her problem ileride daha gürültülü bir şekilde kendisini gösterecektir. Hatta şöyle bir söz vardır: Halının altına süpürülen her şey bir gün halıyı uçurur. İkinizin birlikte çözmesi gereken meseleleri tek başınıza sırtlanmayın. Açık ve dürüst olun, partnerinizden de bunları beklediğinizi söyleyin. Zaman kaybetmeden ve problemler kronik bir hale gelmeden çözüm üzerine yoğunlaşın.

• Uzaktan ilişki zordur ancak uzaktan kavga etmek daha da zordur. Tartışmalar ilişkilerin olmazsa olmazıdır. Uzakta olmanın verdiği gerilim tartışmanızı hararetlendirebilir. Bu durumda daha yapıcı olmaya çalışın. İletişimi kesmeyin, iletişim halinde kalın. Yapabiliyorsanız bir araya gelin ve meseleye kalıcı bir çözüm bulmayı deneyin.

• Birbirinizi günlük programlarınızdan haberdar edin. Uzun toplantılar ya da başka yerlere seyahat gibi durumlar söz konusu ise bunu mutlaka söyleyin. Uzun süre habersiz kalmak endişelendirici olabilir.

• Sosyal medyadaki paylaşımlarını takip etmeye özen gösterin, beğenilerinizi gösterin. Hem onun yanında olduğunuzu hissettirmek hem de kıskançlık, yalnızlık gibi olumsuz duygulara kapılmasını engellemek için birlikte çektirdiğiniz fotoğrafları paylaşın ve onu da etiketleyin. Bu hem ona ait olduğunuzu hissettirecek hem de değerli, özel olduğunu düşündürtecektir.

Cinsellikten Sonra Neden Benden Uzaklaşıyor?

Romantik paylaşımlar, samimi bir sohbet ve sonrasında büyülü anlar. Buraya kadar her şey mükemmel. Fakat aniden bir şeyler oluyor ve sevgiliniz size olan ilgisini kesiyor, sanki başka birine dönüşüyor. Hatta bazen birkaç gün sürüyor bu durum.

Partnerinizin cinsellik sonrası sizden uzaklaşmasının hem fizyolojik hem de psikolojik açıklamaları vardır. Öncelikle işin fizyolojisinden başlayalım.

Erkekler cinsel birliktelikten sonra biyolojik olarak bir değişim yaşarlar. Bu da konsantrasyonlarının sizden kayıp başka yerlere gitmesine neden olabilir. Aslında bu doğal bir durumdur. Seviştikten hemen sonra uzaklaşmaya çalışan bir erkek kadınlara pek sempatik gelmese de bir süre zamana ihtiyaç duyarlar. Bu esnada sizinle olan iletişimine, ilgisine özen gösterip göstermediği önemlidir. Seviştikten sonra arkasını dönüp ilgisiz bir şekilde uyuyan bir erkek klişe değildir, bilinçsizce bu eğilime kapılan pek çok erkek vardır. Sarılmak, öpmek, güzel sözler duymak her kadının beklediği şeylerdir ancak erkekler açısından işin bu boyutunu atlamayın.

Erkeklerin cinsellik sonrası mesafe koyma isteğinin ardındaki nedenlerden bir diğeri performans açısından kendisini yetersiz hissetmesi olabilir. Erkeklerin sekste performans odaklı olması, karşısındakini tatmin edip edemediğine dair sorulara takılması bu uzaklaşmaya neden olabilir. Eğer ki yeni başlamış bir ilişki ise ilişki nereye gidiyor sorusu zihinlerinde belirip, bu baskıdan kaçma çabasına da girmesi mümkün. Erkeklerin özellikle yeni tanıştıkları bir kadınla seviştikten sonra hızla kurtulmaya çalıştıkları da ihtimal dahilinde. Meseleye tamamen fizyolojik ihtiyaç olarak bakan bir erkek soruların altında kalmamak için bu yönde bir kaçış planı yapabiliyor.

Kadınlar seviştikten sonra duygusal olarak daha fazla bağ kurma eğiliminde olurlar. Burada yine devreye fizyoloji giriyor. Oksitosin dediğimiz bağlılık hormonu seviştikten sonra kadınlarda fazlasıyla salgılanır.

Erkek ve kadının cinselliğe bakışında farklılıklar söz konusudur. Bir erkek için çok kolay bir konu olan seks kadınlar açısından duygusal anlamda daha maliyetli bir şeye dönüşebilir. Kadınlar sevişmeden önce erkeklere göre daha fazla bağlılık beklentisi içinde olurlar. Bu yüzden aniden uzaklaşan bir erkek dürtüleri ile tatminini sağlamış, merakını gidermiş ve köşesine çekilmiş de olabilir.

Peki ne yapmalı?

Erkeklerin doğasında avlanmak vardır. Hatta onlar av peşinde olmayı daha çok severler. Bu yüzden her zaman istediklerini onlara vermeyin. Bazen bekletin, ilgisini canlı tutun, ama kapıyı da tamamen kapatmayın. Hatta ona zaman zaman meydan okuyun çünkü erkekler kadınları kovalamayı severler yani bir anlamda hayatlarında olacak kadını fethetmek ve bunun için uğraşmak isterler. Bu aynı zamanda kadın açısından değerli bir imaj yaratacağından oldukça işlevsel olarak akıllıca yönetilebilir bir durumdur.

Sadece onun istediği anlarda hazır vaziyette olmayın, kendi programınız konusunda zaman zaman ısrarcı olun. Özellikle ilişkinin başlangıcında ortaya koyacağınız bu tavır onun merakını ve iştahını daha da cezp edecektir. Kolay insan olmayın.

Partneriniz performansıyla ya da bedensel özellikleriyle ilgili takıntılara sahipse bu konuda özenli davranın, iltifat etmekten ve övmekten kaçınmayın. Onu arzuladığınızı belli edecek şeyler yapın. Kompleksler ve takıntılar nedeniyle araya giren mesafeler böylece yok olacaktır.

Mevzubahis olan durum uzun ilişkilerde oluyorsa burada daha derin değerlendirmeler yapmanız gerekir. Uzun ilişkilerde cinselliğin azalması ve araya konan mesafeler ilişkinin ömrü ile ilgili olabilir. Hele ki bunu besleyecek başka doneler de mevcutsa ilişki dinamiklerinizi gözden geçirmelisiniz.

Beni Aldatıyor mu?

Yolunda giden her ilişkide bile zaman zaman akla düşen sorulardan biridir bu: Aldatılıyor olabilir miyim?

Neden severiz ve neden aldatırız sorularının peşine takılan dünyaca ünlü biyolojik antropolog Helen Fisher bakın bu konuda neler söylüyor. Öncelikle aşkın tanımını şöyle yapıyor Helen Fisher:

"Sevdiğiniz insan bir anda dünyanın merkezine oturur. Onu sadece seksüel olarak değil, bir bütün olarak delicesine özlemeye, istemeye başlarsınız. Onunla ilgili sevmediğiniz tüm özelliklerin listesini yapsanız bile, hepsini anında bir kenara bırakıp sadece sevdiğiniz özelliklerini görmeye devam edersiniz. Bu bir obsesyondur."

Evrimsel açıdan bu takıntılı durumun gerekliliğinden bahsetmiştik. Üremek ve neslimizi sürdürmek için aşk gibi yüce bir duyguya ihtiyacımız var. Peki bu yüce duyguya sonra ne oluyor da başka insanları hayatımıza dahil etme isteği ortaya çıkıyor? Bu konuda da Helen Fisher yine şunları söylüyor:

"Romantik aşk, beynin sadece ödül kısmını aktivite etmiyor. Üç kısmı birden aynı anda çalıştırıyor. Birincisi seks bölümü. Yani, karşı konulamaz sinirsel güdü. Bu güdü genlerimizi devam ettirmemiz için bizi partner arayışına sokuyor. İkincisi, romantik aşk bölümü. Bu bir insana odaklanıp enerjimizi ona yönlendirmemizi sağlıyor. Üçüncüsüyse, uzun süreli ilişki kurma güdüsü. Birlikte uzun zaman geçirebileceğimiz güvenilebilir bir insan arıyoruz. Böylece çocuk

yapıp bir aile olabiliyoruz. Her neyse; bu beyin sistemleri, yani seks, romantik aşk ve uzun süreli ilişki bölümleri her zaman aynı anda ve aynı kişi için aydınlanmayabiliyor. Yani bir insana çok derin duygularla bağlanıp uzun süreli ilişki kurmak isterken, aynı anda bir başka insana romantik aşk duyup, bir üçüncüsünü de cinsel olarak çekici bulmak mümkün."

Bilim aldatmanın tamamen beyinle ilgili olduğunu söylese de kalbinizi bu yanıtlarla teskin etmek pek de kolay olmasa gerek.

Peki aldatma nedir sorusuna gelirsek, çiftlerin bu konuda farklı bakış açıları mevcut. Kimisi birisiyle gelişen duygusal bir yakınlaşmayı aldatma sayarken kimisi cinsel yönden bir sadakatsizliği kastedebiliyor. Hatta kimisine göre ise gözünü kaldırıp başkasına bakmak bile aldatma için yeterli. Her ilişkinin kendi dinamiği çerçevesinde duruma göre bakıp değerlendirmek gerekiyor kısacası.

Yapılan araştırmalara göre en çok ilişkideki duygusal tatminsizlikten dolayı aldatmalar oluyor. Evliliklerdeki boşanmaların büyük yüzdesini sadakatsizlik oluşturuyor.

Kendini değersiz ve önemsiz hisseden biri daha çok aldatmaya meyilli oluyor. Burada da seksten ziyade daha duygu odaklı bir arayış olduğundan söz edebiliriz, tabii her zaman için geçerli olmayacak bir durum bu.

Aklınıza bu şüphe düştü ve partnerinizin size aldattığını düşünüyorsunuz. Şüphenizi doğrulamak için minik bir kılavuz:

➢ *Görünüşüne Önem Göstermeye Başladıysa*

Sevgiliniz veya eşiniz birdenbire spor yapmaya ve sağlıklı beslenmeye başladıysa, bu birisi için daha çekici görünme çabasından dolayı olabilir. Pek tabii bu değişimin nedeni size duyduğu sevgi de olabilir. Her zaman giyindiği tarzdan farklı şeyler giymeye başlıyorsa veya uzun yıllardır kullandığı parfümü değiştirmişse dikkat. Ancak bu yaşam tarzı değişimiyle birlikte hal ve hareketlerine yansıyan şeyler de illa ki olacaktır. Beden dilini de izleyin.

➢ *Telefonunu ve Bilgisayarını Sizden Saklıyorsa*

Aldatan insanlar, telefonlarını ve bilgisayarlarını daha sık kullanmaya başlarlar ve bunları saklama eğiliminde olurlar. Telefonunda ya da bilgisayarında daha önce hiç şifre yokken bir anda şifre koyması şüphe uyandırıcıdır. Keza mesajların, yazışmaların silinmesi, arama geçmişlerinin temizlenmesi de öyle... Telefonu yanından ayırmıyor, bir saniye bile ortalıkta boş bırakmıyor, tuvalete giderken bile yanında götürüyorsa bu da pek güvenilir bir hareket değildir.

➢ *Eskisi Kadar Kolay Ulaşılır Değilse*

Eğer eşiniz sizi aldatıyorsa, muhtemelen telefonlarınıza bazen çıkmayacak, mesajlarınıza daha geç cevap verecektir. Toplantıdaydım, çok işim vardı, meşguldüm gibi şeyler gerçek olabileceği gibi bahane de olabilir. Özellikle eşiniz eve geç geleceği ya da bir iş seyahatine gittiğinde ulaşılamaz oluyorsa bu da pek güvenilir bir davranış değil.

➢ *Seks Hayatınızda Değişiklikler Varsa*

Cinsel yaşamınızdaki rutinin azalması ya da daha da artması aldatma işareti olabilir. İlginin başka birine kayması isteksizlik olarak kendini gösterecektir. Ancak tam tersi artan bir cinsellik de suçluluktan kaynaklanan duyguları örtbas etmek için gelişebilir. Önemli olan noktalardan biri de sevişme esnasındaki hal ve tavırlarıdır. Eskisinden farklı teknikler ya da fantezileri sizinle denemek istiyorsa bunları başka birinden öğrendiği ihtimalini değerlendirin.

➢ *Sürekli İş Programı Değişiyorsa*

Birdenbire olur olmadık toplantılar, yemekler gündeminize girmeye başladıysa, program yapmanız eskisine göre daha zorsa ve sürekli belirsiz, ikircikli boşluklar yaratmaya çalışıyorsa dikkat. Aynı anda iki insana dair program yapmanın getireceği stres ve kararsızlıklar kolay kolay gözden kaçmaz. Acil işim çıktı, bu gece geç geleceğim cümlelerini sık sık söylemeye başlaması ya da hafta sonu şehir dışı programlarının çoğalması sizi aldattığının göstergeleri olabilir.

➢ *Partnerinizin Yakınındakilerin Size Karşı Davranışları Değiştiyse*

Hayatınızdaki insanın arkadaşları ya da ailesi durumdan haberdar ise sizin yanınızda kendilerini oldukça huzursuz hissedeceklerdir. Hem size hem de partnerinize karşı takındıkları tavırdaki değişimleri izlemeye çalışın. Size karşı üzgün, partnerinize karşı daha mesafeli ya da kızgın olmaları aldatma göstergelerinden sayılabilir.

➢ *Açıklanamayan Giderler Arttıysa*

Partnerinizin ekstrelerinde tuhaf harcamalar görüyorsanız ya da ay ortasında maddi sıkıntılar kendini göstermeye başladıysa, paraya ihtiyacınız olduğunda ertelemelerle karşılaşıyorsanız aldatılıyor olabilirsiniz. Bunlara dair sorularınıza kaçamak yanıtlar veriyorsa ya da mantıklı cevaplar sunamıyorsa dikkatli olun.

➢ *Duygusal Yakınlaşmanız Azaldıysa*

Hiçbir ilişki ilk günkü tazeliğinde kalamaz ancak zaman içinde kendini daha yüksek duygular yerine sevgi, şefkat, samimiyet, güven gibi daha da dengeli duygulara bırakır. Sağlıklı bir ilişki iki tarafın isteğiyle inşa edilen bir süreçtir. Eğer dengeli bir süreç aniden değiştiyse, anlam veremediğiniz tartışmalar, uzaklaşmalar oluyorsa bu ciddi bir işaret olarak değerlendirilebilir.

➢ *Şüpheleriniz Hakkında Konuşmak İsteyince Büyük Tepkiler Veriyorsa*

Genelde erkekler şüphelere dair sorulara iki yöntemle karşılık verirler:

Birincisi sonuna kadar inkâr, ikincisi de meseleyi büyüterek tartışmaya çevirmek ve kaçmak. Şüpheleriniz hakkında konuşmaya başladığınızda bile hemen savunmaya geçiyor, konuyu alakasız yerlere getirerek kavgayı büyütüyor ve sinirleniyorsa dikkat! Yakalanma ihtimali nedeniyle duygularını örtbas etmekte zorlanıyor olabilir.

➢ ***Eskisinden Daha Fazla Hediye ve Çiçek Almaya Başladıysa***

Eskiye göre daha pahalı ve daha sık hediye almaya başlaması, sürekli elinde çiçekle gelmesi suçluluk duygusundan kaynaklanıyor olabilir. Diğer işaretleri daha dikkatli izlemenizde fayda var.

Tabii ki bu maddeler ilişkide aldatmanın yüzde yüz göstergeleri değildir. Bu maddelerin hepsini yaşayan ama gerçekte bir aldatmanın olmadığı ilişkiler de olabilir. Ancak bu maddeler, aldatma olmasa bile ilişkinizde bir şeylerin yanlış gittiğinin göstergesidir.

Başka Bir İlişkisi Var, Ayrılamıyorum!

Aldatıldığınıza dair şüphelerinizin gerçek olduğunu görmek travmatiktir. Öfke, değersizlik, üzüntü, pişmanlık gibi duyguların içinde boğulmaya başlarsınız. Çok seven biri için sevdiğinin hayatına bir başkasını alması çok inciticidir. Neden diye sorarsınız. Neyi yanlış yaptığınızı sorgularsınız. Acaba bir şeyleri eksik ya da yanlış mı yaptınız? Belki de suç sizde değil, sevdiğiniz insan gerçekten sizin değerinizi anlayamayan ve sizi hak etmeyen biri...

Peki ne yapacaksınız? Onu terk mi etmelisiniz? Ya da kırılan güveni tekrar inşa edip yolunuza devam mı etmek istiyorsunuz?

Çoğu insan aldatıldıktan sonra ilişkisini kurtarmayı dener, başarılı olanlar da vardır ama tekrar hüsrana uğrayanlar da yok değildir. Aldatma nedeniyle bir ilişkiyi noktalamak basit bir eylem değildir, hele ki hâlâ yoğun duygulardan söz ediyorsak ya da evliyseniz... Hata yapmak insana mahsustur. Hata yaptıktan sonra telafi etmek ve şüpheleri giderip tekrar sağlam bir şekilde yola koyulmak için zaman ve fedakârlık gerekir. Bu fedakârlık sadece aldatan kişinin gözetmesi gereken türden bir fedakârlık değildir, aldatılan için de büyük bir fedakârlıktan söz ederiz.

Yeni başlamış bir ilişki için ayrılık kararı almak belki de sizi pek zorlamayacaktır ancak yıllardır devam eden bir ilişkiniz varsa ya da evliyseniz tartmanız gereken pek çok parametre olacaktır. Uzun yıllar birlikte olmanın getirdiği alışkanlıklar, ortak arkadaşlıklar ve aileler, maddi işbirlikleri, varsa çocuklar, kurulmuş ortak düzen ve ev hayatının hepsi birer birer ayrıştırılması gereken şeylerdir.

Ayrılmaya karar verdiğinizde kararsızlık duyguları da sizi esir alabilir. Geri dönüşü olmayan bir yola girdiğinizi düşünebilir ve bu baskıdan dolayı kendinizi kötü hissedebilirsiniz. Acabalar arasında gelip gidiyorsanız kendinize şunları sorabilirsiniz:

- ***Gerçekten ilişkinize sizin kadar değer veriyor mu?***

Basit bir hatadan ziyade ilişkinize sizin kadar özen gösterip göstermediğini kendinize sorabilirsiniz. Alkollü bir gecenin ya da kontrolden çıkmış bir durumun getirdiği bir sonuç mu bu? Yoksa zaten ilişkinizde diğer şeylerle ilgili de özensiz mi? Size ve ilişkinize değer biri koruduğunuz değerleri tehlikeye atmaktan kaçınmalıdır.

- ***Affettiğinizde sizi tekrar aldatır mı?***

Bir kez olan şeyin tekrarlanma ihtimali söz konusudur. Yumuşak başlı olduğunuzda ve her şeyi sineye çektiğinizde bu durumu kurtarmanın ne kadar kolay olduğunu görmesi, sizi tekrar aldatmasına da zemin hazırlar. Affetmenizi gerektiren bir durumla karşılaştığınızda kırıldığınız ve üzüldüğünüz gerçeğini ona iyice hissettirmeniz ve ifade etmeniz gerekir. Affetmeniz onun hatalarını tolere etmeniz demek değil, ilişkinize ve duygularınıza bir şans daha vermektir. Bu durumu iyi algıladığından ve sizinle empati yaptığından iyice emin olun. Hatta kolay bir şekilde affetmeyin, sizi kaybedebileceği ihtimalini görmeli. Belki de bir süre sizi gerçekten kaybetmeli. İlişkide bu tarz blöflerin elinizde kalma ihtimali olsa da bu gibi durumlarda rest çekmekten korkmayın. Siz geri döndüğünüzde ya da tekrar iletişime izin verdiğinizde, bunu bir daha yaparsa asla affedilmeyeceğine inanmış olursa, bu hatanın tekrar edilme olasılığı çok daha az olur. Bu süreçler affedilecek durumun küçüklüğüne büyüklüğüne, ne kadar yanlış ya da acı olarak algılandığına göre değişse de, affedip hayatınıza tekrar alacaksanız mutlaka bunları hissetmeli.

- ***Yeniden güvenebilecek misiniz?***

Birine güvenmek zordur, en ufak bir yanlış hareket her şeyin yıkılmasına neden olur. Bir insana karşı güveninizi kaybettiğinizde artık hiçbir şey sizin için eskisi gibi olmayacaktır, adeta yeni gözlerle bakmaya başlarsınız o insana. Yaptığı her davranış, söylediği her sözün doğru olup olmadığını sorgularsınız. Yeniden güveni inşa edemeyeceğinizi düşünüyorsanız, dahası karşınızdaki bunun için çabalamıyorsa net bir karar vermeli, kendinizi şüphe denizinde boğmaktan vazgeçmelisiniz.

- ***Sizin duygularınız ne durumda?***

Bazen kendi gerçek duygularımızı okumakta zorlanırız, hele ki aldatma gibi bir meselede işin içine sahte duygular karışır. Hırs, öfke, kıskançlık, nefret gibi olumsuz duygular sizin gerçek duygularınızı görmenizi engeller. Kendinize sorun: Bu ilişkiye yönelik gerçek duygunuz ne? Seviyor musunuz yoksa alışkanlık mı? Aşk mı yoksa diğer insana yönelik rekabet mi? Kendinizi her şeyden soyutlamayı deneyin, kendi beklentilerinizi ve duygularınızı tespit edin.

- ***İlişkiden beklentiniz ne?***

İlişki sürdürmek başlı başına bir sanattır ancak yine de o kadar zorlayıcı olmamalıdır. Sizi depresyona iten, kötü hissettiren, çaresizlikler içinde bırakan biriyle birlikte olmayın. Mutlu, huzurlu ve güvenli olmak varken neden dünyayı kendinize dar edesiniz?

- ***Partnerinizin size yaklaşımı nasıl?***

Hem suçlu hem güçlü biri mi? Aldatılmanın getirdiği üzüntü içinde kendinizi bir tür çıkmazda hissedebilir ve dahası bu kötü ruh hali içindeyken de partneriniz tarafından maniple ediliyor olabilirsiniz. Üçüncü kişilerin varlığı içinizde bir çeşit kıskançlık ve rekabet yaratabilir. Olmak istemediğiniz anlamsız bir savaşın içinde kendinizi bulabilir ve partnerinizi elde tutmak için aşırı fedakârlık yapmaya zorlanabilirsiniz. Bu hayatınızdaki kişinin sizi maniple etmesinden kaynaklanır. Sahtelikleri, oyunları görmeye çalışın. İstemediğiniz bir oyunun parçası olmayın.

Bir başkasının sizin yerinize tercih edilmesi fikrinin içinizdeki değersizlik duygularını tetiklemesi sizi girmek istemediğiniz bir araziye inmeye zorlayacaktır. Aklınız, mantığınız bunu yapmamanız gerektiğini bilse de sahte duyguların esiri olduğunuzda siz olmaktan çıkarsınız.

Aslında olan şey bir çeşit duygusal şiddettir. Belki de daha fazlasına maruz kalıyorsunuz? Ayrılmak istediğiniz halde sizin özgür iradenize müdahale ediyor, hatta daha da ileri gidiyor ve fiziksel şiddet uyguluyor, tehdit ediyor. Eğer ortada bu tarz bir durum varsa polis, psikolog ya da yakınlarınızdan destek almalısınız.

- ***Kendinize yeteri kadar değer veriyor musunuz?***

İlişkinizi kurtarmak adına kendinizi görmezden gelmeyin. "Onu çok seviyorum" düşüncesinin yerine "Ben sevilmeyi hak ediyorum" cümlesini koyun. Gerçekten çabanıza ve emeğinize değecek insanlar için harcayın enerjinizi ama bundan önce kendinizi sevin. Değer görmediğiniz bir ilişkiyi sürdürmek kendinize kötülük etmekten başka bir şey değildir. Diğer insanlara gösterdiğiniz şefkat ve ilgiyi asla kendinizden esirgemeyin.

Biraz Ara Verelim Ne Demek?

Kelimeler hem konuşmaya hem de susmaya yarar. Bazen söylediklerimizle aslında çok daha fazlasını anlatırız. Emin olamadığınız durumlarla ilgili net ifadeler kurmak yerine bazen zaman kazanmak için üstü kapalı cümleler kullanmayı tercih ederiz. Ancak net ifade edilmeyen duygular sadece boşlukları büyütür.

Bazen söylemek istediklerimiz söylediklerimizden çok söylemediklerimizde gizlenir. Sessizlikler, suskunluk kelimelerden daha çok şey anlatır. Ancak sağlıklı iletişim için dürüstçe kendinizi ifade etmeniz gerekir. İmalar, neye hizmet ettiği belli olmayan göndermeler kafa karıştırmak ve iletişimi çetrefilli bir hale getirmekten başka bir işe yaramazlar.

Bunlardan biri de "Biraz ara verelim" cümlesidir. Duyulduğunda epeyce kafa karıştıran, ayrılığı çağrıştıran bir söz gibi değil mi? Peki ayrılmakla ara vermek aynı şey mi?

Bazen ara vermek sadece ara vermektir. İlişkide iyi gitmeyen şeyler varsa ara vermek ilişkinize nefes aldırabilir. Özellikle bir problemi çözmekte tıkandığınızda, meseleye daha geniş bir perspektiften bakabilmek adına durmak işe yarar çözümlerden biridir. Duygusal karmaşayı dinginleştirmek, gerçeği gün yüzüne çıkarmak ve biraz durulmak için izin alıp, bir süre herkesin kendi köşesinde durmayı istemesi gayet doğal bir ihtiyaçtır. Böyle zamanlarda her iki taraf da kendi niyet ve ihtiyaçlarını gözden geçirme fırsatı yakalamış olur. İlişkide birbiriniz için ne ifade ettiğinizi görmek, bir durum değerlendirmesi yapmak için bu aralar çok sağlıklıdır.

Ara vermek her zaman ayrılık demek değildir. Bu süreyi yapıcı bir şekilde kullanmaya bakın. Eğer ayrılık fikri varsa kararınızın sağlamasını yapın. Tamamen kendinize odaklanmaya, beklentilerinizi ve ihtiyaçlarınızı görmeye çalışın. Araya ihtiyaç duyduğunuzda partnerinizle kabaca da olsa bir yol haritası belirlemeye çalışın.

• Öncelikle bu araya neden ihtiyaç duyduğunuzu belirleyin. Kronik bir problemden dolayı yoruldunuz mu ya da hayat akışınızda yolunda gitmeyen ve odaklanmanız gereken acil şeyler mi var? Merkezinizi mutlaka netleştirin. Nedensiz kopuşlar ve bunlara yönelik sorulara alınmayan cevaplar ilişkiniz için hiç iyi değildir ve çok yıpratıcıdır. Beklentinizi ve neden buna ihtiyaç duyulduğunu mutlaka konuşun.

• Kesin bir zaman aralığı vermek mümkün olmasa da aşağı yukarı bir takviminiz olsun. Örneğin "İki hafta sonra tekrar konuşalım" diyebilmek belirsizliğin yaratacağı kaygı durumundan uzaklaşmak ve çözüme odaklanmanız için oldukça işlevseldir. Tekrar bir araya geldiğinizde yeni bir zamanlama üzerine değerlendirme yapabilirsiniz. Partnerinizin bu anlamdaki ihtiyacına empatiyle yaklaşmaya çalışın.

• Ara verdiğiniz süreçte kendinize odaklanın. Eğer partnerinizin iletişim konusunda bir süre durma talebi varsa sürekli mesaj atarak ya da arayarak sessizliği bozmaya çalışmayın. Bu oldukça yorucudur ve çoğu zaman da ters teper. Onun sizi özlemesine izin verin. Bazen en yakınımızdakilerle bile mesafelenmeye ihtiyaç duyarız. Sizi özlemesi ve ilişkiyi canlandırmak için bazı şeyleri görmesine fırsat verin. Sorularınızla, aşırı ilgiyle onu boğmayın.

• Ara verdiğinizde sınırsız bir özgürlük kazanmış olmazsınız. Henüz hâlâ aranızda bir bağ var ve bu sizin her istediğinizi yapabileceğiniz anlamına da gelmez. Eğer başka insanlarla vakit geçirme, flört etme eğilimi içindeyseniz bunları bu süre zarfı içinde yapmayın. Her şeyi netleştirdikten ve gerekliyse ilişkinizi bitirdikten sonra yeni sulara açılın. Diğer türlü davranmanız mevcut durumun daha da karmaşıklaşmasına yol açacaktır. İlişkideyken yaptığınız her şey ve tüm kurallar bu ara verme aşaması için de geçerlidir. Sadakat de dahil...

- Ara verdiğiniz süreçte mümkünse fiziksel olarak denk gelme ihtimali yaratacak durumlardan kaçının. Sürekli gittiğiniz yerlerden bir süre uzak durun. Eğer niyetiniz gerçekten bir şeyleri ölçmekse bir süre birbirinizi görmemek iyi olacaktır.

- Her şey yolundayken beliren ara verme talebinin altında yatan nedeni anlamaya çalışın. Kötü giden bir ilişki için durmak ihtiyaçken ortada hiçbir belirti ya da olumsuz durum yokken ara vermek başka şeylerin habercisidir.

- Ara verme aşamasından sonra tekrar bir araya geldiğinizde açık yüreklilikle konuşun. Bu süreçte neleri gördünüz, takıldığınız şeyleri çözüme kavuşturabiliyor musunuz, beraberce yolunuzu yürümeye devam edecek misiniz, ortak değerler ve beklentileriniz aynı mı? Eğer birbirinizi özlemişseniz ve hâlâ sevgi varsa kaldığınız yerden daha güçlü devam edeceksinizdir, aksi durumda ilişkinizi noktalayıp yeni bir yön vermeniz gerekecektir.

Neden Beni Umursamıyor?

Kim olursa olsun biri tarafından umursanmamak sinir bozucudur. İnsan ilişkilerinin temeli iletişimdir. Tanımadığınız bir insanla konuşurken bile özen gösterdiğiniz bazı kurallar vardır.

İlişki içinde taviz verilmemesi gereken şeylerden biri saygıdır. Sizi ciddiye almayan, ihtiyaçlarınızı görmezden gelen, dahası bir insan olarak size saygı duymayan biriyle yola çıkmayın.

Bazı insanlar sevgisini gösterme konusunda bir çeşit yeteneksizlikten mustariptir. Sizin kadar kendini açık bir şekilde anlatamıyor da olabilir. Kimine göre sarılmak, sürekli seni seviyorum demek iticidir. Daha uzaktan sevmeyi tercih edenler de var elbette. Ancak sevgiyi belli edememekle umursamamak arasında kocaman kalın bir çizgi var.

- Size duyulan sevginin kanıtlanmasına mı ihtiyaç duyuyorsunuz? Neden? Sürekli sevilip sevilmediğinizi tartmak, bunu sık sık duyma isteği içinizde ikna olmadığınız şeylerden kaynaklanıyordur. Kendi içinizdeki değerin farkına vardığınızda umursanmadığınıza dair yanlış algının yok olduğunu görebilirsiniz. Merkezde durmak güzel ancak kendi dengenizi bozacak düşünceler üretmeyin. Zihin yaramaz bir maymun gibi sürekli oradan oraya koşturarak bir şeyler talep eder, biraz da şımarıktır. Kendi özünüze dönüp, zihninizi susturun. Aşırı talepkâr olmaktan vazgeçin.

- Umursamamak biten ilişki için köprüden önce son çıkış gibidir. Aranızdaki bağ eskisi gibi güçlü değilse, sürekli tartışıyorsanız, başarısızlıklar daha çok göze batmaya başladıysa bir acil çıkış kapısı olarak umursamama ortaya çıkabilir. Ancak ilişkide kötü giden her şeyin sorumlusu sadece bir taraf değildir, dolayısıyla sorumluluklar da sadece bir kişiye yüklenemez. Çok sevdiğim bir hikâyedir, eskiden çölde yaşayan göçebeler yılda bir kez özel bir ritüelle tüm kabilenin günahını bir keçiye yükler ve çöle salarlarmış. Böylece arındıklarına inanırlarmış. Asla günah keçisi olmayın. Sorumluluktan kaçan tarafın size yüklediği umursamazlık yükünü siz taşımayın.

• Sizinle hem fiziksel hem de duygusal olarak yakınlaşmıyor mu? Yatak odanız eskisi gibi hararetli değil mi? Sizi öpmüyor ya da sarılmıyor mu? Bu sorulara vereceğiniz yanıtlar ilişkinizle ilgili sağlam bir değerlendirme yapmanıza olanak sağlar.

• Size ayırdığı zamanı kısmaya başladıysa ve sürekli meşgul olduğundan bahsediyorsa sizi çok umursamıyor diyebiliriz. Sevdiğimiz ve önemsediğimiz biri için mutlaka zaman yaratma çabası içinde oluruz. Yetişemediğimiz zamanlarda da bir şekilde bunu telafi etmeye çalışırız. Size zaman ayırmak istemediğinde nedenlerini sorun. Telafi edip edemeyeceğinizi öğrenmeye çalışın. Söyledikleri doğru gerekçeler mi yoksa sudan bahaneler mi tartın. Kapılar açılmayacak gibi suratınıza kapanıyorsa ya da belirsizlik hâkimse umursanmıyorsunuzdur.

• Günlük iletişiminiz tekdüze bir hal mi aldı? Sorduğunuz sorulara kısa ve kestirme yanıtlar mı alıyorsunuz? Paylaşımınızın derinleşmekten ziyade yüzeyde kalması, gün içinde yaşadığınız bir ayrıntıya sizin kadar ilgi göstermemesi, sizin için çok önemli olan bir gelişmeye aynı heyecanla yaklaşmaması umursanmadığınızın göstergesidir. İletişimin kaliteli olması ilişkinizin sağlıklı olması demektir. Sekteye uğratacak her davranış özensizliğin belirtisidir.

• Hoşlanmadığınız şeyleri inadına yapması sizi umursamadığını gösterir. Sınırlarınızı zorlaması, sinirinizi bozacak hal ve hareketler, tepkinizi gösterdiğiniz halde kendisine çekidüzen vermemesi ilişkinize yeteri kadar özen göstermediği anlamına gelir.

- Başkalarıyla ilgilenmesi, flört etmesi ya da aldatması sizi umursamadığının kesin göstergesidir. Sevdiği insanı kaybetmek istemeyen biri asla bunların göz önünde olmasını istemez. Sizi aldattığının sinyallerini gözünüze soka soka yapıyorsa bunda asla bir iyi niyet söz konusu olamaz. Rahatlığını uluorta sergilemesinin tek amacı ilişkinin sizin tarafınızdan bitirilmesi isteğidir.

Sevgilimin Canını Acıtmak İstiyorum

"Korku, karanlık tarafa giden yoldur.
Korku öfkeye; öfke nefrete; nefret ise acıya yol açar."

Kontrol altına alınamayan öfke yıkım getirir. İncinmiş duygular kızgınlık yaratır, ancak bu kızgınlık geçmediğinde yerini intikam, kin, nefret gibi duygulara bıraktığında ilişkinizde karanlık bir tarafa geçmiş olursunuz.

Öfke doyurulmamış isteklere, istenmeyen sonuçlara ve karşılanmayan beklentilere verilen duygusal tepkidir. Herhangi bir engellenme ile karşılaştığımızda, saldırıya uğradığımızda, incindiğimizde ya da tehdit algıladığımızda hissettiğimiz bir duygudur. İlkel insanı hayatta tutmaya yarayan bu duygu modern insan için de hâlâ işlevseldir, tabii kontrol altında tutulduğunda.

Hayatınızdaki insanla bazı şeyler ters gittiğinde ya da size kötülük ettiğini düşündüğünüzde içinizde yanmaya başlayan bir öfke nöbetinin kıvılcımları mı beliriyor? Canınız yandığı için siz de onun canını mı yakmak istiyorsunuz?

Olumsuz duyguları yenmenin yolu onları dönüştürmektir.

Bedel ödetmek ve intikam duyguları yapıcı duygular değildir. Bunun yerine izleyeceğiniz başka yollar var:

- Sizi incitecek ne yaptı? Telafi etmek için uğraştı mı yoksa hatasını inkâr mı etti? Eğer süreç yapıcı olmayan bir şekilde ilerlediyse olumsuz duygularınızdan arınıp, kendinizi kızgınlık bataklığına sokmayın. Olumsuz duygulardan arınmanın yolu affetmektir ancak affetmek her şeyi sineye çekmek değildir. Bu kişiyle aranızdaki mesafeyi ayarlayarak, ilişkinizi farklı bir yere konumlandırarak, en önemlisi de sınırlarınızı çizerek ilişkinizi sürdürün.

- İlişkinizi kurtarmayı deneyecekseniz kalbinizdeki en ufak olumsuz duyguyu bile temizlemeniz ve tamamen affetmeniz gereklidir. Isıtıp ısıtıp eskileri hatırlatmak, laf sokmak, iğnelemek, her fırsatta kötü deneyimi hatırlatmak bir kısırdöngüye girmenize neden olacak, samimi sevgi bağınızı zayıflatacaktır. Duygularınızı dönüştürmeyi öğrenin, öfke yerini sevgiye, intikam merhamete bıraksın. Her hatanın telafisinin olmayacağı aşikâr ancak karşınızda bunun için çaba gösteren biri varsa ona şans verin.

- İnsanların genel anlamda değişmeyeceğini unutmayın. Bir heykel yontar gibi onların sivriliklerini, sevmediğiniz taraflarını yontamazsınız, dahası yontmamalısınız da... Genelde insanlara yönelik sevmediğimiz özellikler bir anda pat diye belirmezler. Her insanın tabiatında iyi özelliklerinin yanı sıra sevimsiz, pek hoşumuza gitmeyen özellikler de mevcuttur. Ancak zamanla bu sivrilikler bizi daha çok rahatsız etmeye başlar ve tahammülümüz azalır. Hayatınızdaki kişiyle ilişkinize ilk başladığınız zamanlara gidin, rahatsız olduğunuz şey aslında hep orada mıydı? O zamanlar size cezp edici ve sempatik gelen şeyler mi artık sizi rahatsız ediyor? Travmalar, hastalıklar, belli dönemlerde yaşanan ruhsal krizler kişilik üzerinde büyük dönüşümlere neden olurlar. Ancak en başından beri var olan bazı kişilik özellikleri çatışma unsuru haline geldiyse bakış açınızı değiştirin. Sizin için sürdürülebilir değilse kendinize sorun: "Böyle bir ilişki yürütmek ne kadar sağlıklı ve ben bunu ne kadar istiyorum?"

• Öfkenizi tam olarak ne yatıştırabilir? Gerçekten onun canının yanması size iyi gelecek mi? Yoksa tam olarak beklediğiniz şey samimi bir özür ve pişmanlıkla bakan gözler mi? Bu kargaşanın ortasında iken niyetinizi belirlemek zordur. Aslında istediğiniz şey kimsenin canının yanması değildir, anlaşılmaktır tüm derdiniz. Peki anlaşılmanın yolu karşınızdakine aynı acıyı yaşatmaktan mı geçer? Bu belki denenebilir bir yoldur ancak evrensel değerlerle örtüşmez. Sizi anlamasını sağlayacak daha farklı yollar bulmalısınız. Kendinizi ondan uzun bir süre mahrum bırakmak, iletişimi tamamen kesmek, size ulaşmaya çalıştığında ertelemek ve görüşme taleplerini bir süre askıya almak onun kendisini değerlendirmesi için bir fırsat yaratacaktır. Tam bir itiraf ve sağlam bir özürle karşınıza gelene kadar kendinizi uzak tutun.

• Pişman olmuş bir ifade görmek de size yetmedi mi? Konuşmanıza ve özür dilemesine rağmen hâlâ içinizdeki sertlikler yumuşamadı mı? Bu hisleri serbest bırakmak için tek başınıza ya da beraberce terapi almayı, bir ilişki danışmanına gitmeyi konuşabilirsiniz. İçinizden zorlansanız da yaşananların hâlâ ayağınıza takıldığını görüyorsanız durumu kabul edip onu hayatınızdan çıkarmanız daha da uygun olacaktır, unutmayın.

• Hayatınızdaki her ilişkide olması gereken şeylerden biri sınırlardır. Geçirgen sınırlar insanların sizin özenle baktığınız içsel bahçenizde gelişigüzel çamurlu ayaklarıyla gezinmesine neden olur. Ne yazık ki sizin karşınızdaki insanın sınırlarına saygı göstermeniz onun bunu anlamasına da yetmez. Güven ve saygı sınırlar içinde kalmakla olur. "Bu bana uymuyor", "Bu davranış bende kötü hisler uyandırıyor, lütfen benim için daha özen gösterir misin?" gibi cümlelerle kırmızı çizgilerinizi belirleyin. Söylemenize rağmen kırmızı çizgileriniz aşılıyorsa burada iyi niyetten bahsedemeyiz.

• Geçmişe takılıp kalmayın. Geçmiş bir hapishanedir ve sizin nefes almanızı engeller. Zaman zaman gün yüzüne çıkan eski kırgınlıklar olumsuz duyguları dönüştürmenin önündeki engeldir. Her şey yolundaymış gibi akarken bile bir bakış, bir söz sizi geçmişe götürüp öfkenizi hatırlatabilir. Geçmişin görünmeyen bağlarına tutunmaktansa şimdiki zamanda ilişkinizin yeniden keşfine gözlerinizi açın. Yaşanmış hikâyeleri yeniden kurgulamak ve olası ihtimalleri gözden geçirmek size hiçbir şey kazandırmaz, bu ilişkinizi de kurtarmaz. Şimdiki zamanınızı geçmişle gölgelemeyin. En derin yaralar bile iyileşir, yeter ki dönüşümü başlatın, iyileşmeye istekli olun. Geride bırakmak öğrenilmesi gereken bir alıştırma olsun sizin için.

Sevmediğim Taraflarını Nasıl Düzelteceğim?

İnsanları değiştirmeye zorlamak gerçekçi bir eylem değildir. Kaldı ki herkes değişime açık olmayabilir. Olduğu gibi kabullenilmemek ilişkide kurulan bağların sağlamlığına dair şüphe yaratır.

Bir erkek ne yapması gerektiğini duymaktan hoşlanmaz. Değiştirmek istediğiniz şeyleri "Bunu yap" şeklinde ilettiğinizde kendinizi bir duvara karşı konuşuyormuş gibi bulacağınızdan emin olabilirsiniz. Ancak onun davranışlarını değiştirmek için yönlendirmeler yapabilirsiniz, bu da ancak sevgi dili ile mümkündür. İnatla, kızgınlıkla, zorlamayla değil...

- ***Sorunu mutlaka tartışın ve davranışı tanımlayın.***

Hangi davranışı sizde hangi duyguyu uyandırıyor. Erkekler söz konusu olduğunda altını çizmemiz gereken şeylerden birisi ifadelerinizin net olması gerektiğidir. Sevgiliniz ne demek istediğinizi sorduğunda sizden uzun açıklamalar yerine net olanı duymak ister. Gerçeği tahmin etmeye zorlanmak onlar açısından hoş karşılanmaz. Ne demek istiyorsanız net bir şekilde söyleyin gitsin. Örneğin, mesajlarınıza geç yanıt almaktan hoşlanmıyorsanız bunu lafı dolandırarak anlatmaya çalışmayın. "Bana her gün mesaj atmalısın" demek yerine "Bana sabahları günaydın demen ya da uyurken iyi geceler mesajı atman beni çok mutlu ediyor ve o zaman kendimi çok değerli hissediyorum" gibi bir cümle ile onun bunu yapmasına neden ihtiyaç duyduğunuzun altını çizin.

- ***Değişim için yeterince açık mı bakın.***

Sonuçta kimseyi tamamen kendimize yönelik özelliklerle donatamayız. Hatta bunu denememeliyiz de. Her birimizin iyi kötü kendine has ve eşsiz özelliklerinin olduğunu bilip, bir bütün olarak değerlendirmeniz gerektiğini unutmayın. Size ters gelen sivri bir köşeyi yok etmeye çalışırken her şeyin dengesini bozabilirsiniz. En asimetrik durumun bile bir simetrisi, kendi içinde dengesi vardır. Sivrilikleri görmezden gelmek değildir yapmanız gereken, onları görerek kabul etmek ve anlamaktır.

Partnerinizin değişime reaksiyonunu ölçmek için ufak hamleler yapabilirsiniz. Örneğin takıntı haline getirdiğiniz konuyla ilgili yorumlar yapmasını sağlayın. Kökleşmiş inançları mı var, sabit fikirli mi? Tartışmaya açtığınız konuyla ilgili keskin ve net hatlar mı çiziyor? Yoksa değişim sinyalleri veriyor mu? Örneğin kontrol altına almakta zorlandığı bir bağımlılığı ile ilgili düşünceler içindeyseniz ona sorduğunuz sorularla değişmeye niyeti olup olmadığını ölçebilirsiniz. "Çok fazla sigara içmekten ben de mutlu değilim" ya da "Evet çoğu zaman tembellik yapıyorum ama harekete geçme vaktimin geldiğini hissediyorum" benzeri umut vaat eden cümleler size yol haritanızı oluşturmada yardımcı olacaktır.

Yakın arkadaşlarının ve ailesinin yaklaşımını gözlemleyin. Daha önce şikâyetçi olduğunuz meselelerle ilgili çeşitli girişimlerde bulunmuş mu sorun. Başarısız olsa da girişimde bulunması onun değişim konusunda niyetli ve istekli olduğunu gösterir. Belki de kalıcı bir değişim için sizin motivasyonunuza ve desteğinize ihtiyacı vardır.

- ***Ne hissettiğinizi söyleyin.***

Partneriniz sizi ne kadar üzdüğünün farkında olmayabilir. Siz içten içe kavrulurken hislerinizi belli etmekten sakındığınızda tek taraflı çileli bir mücadele başlatmış olursunuz. Oysa uzlaşmanın tek ve basit bir adımı vardır: Hisleri paylaşmak. Ne hissettiğinizi karşınızdakine sakin ve tatlı bir dille aktardığınızda size empati duymasını sağlarsınız. Böylece değişimin yolunu da açmış olursunuz. Hislerinizi aktarırken şu adımları izleyebilirsiniz:

◊ Örneğin sürekli geç kalmasından mustaripseniz şöyle diyebilirsiniz: "Buluşmaya geç kaldığında benim senin için bir öncelik olmadığımı hissediyorum ve bu beni incitiyor."

◊ Hissinizi ifade ettiniz. Şimdi önceki davranışın yerine ne yaparsa incinmeyeceğinizi söylemelisiniz: "Eğer geç kalacağını bana daha öncesinde haber verirsen bu beni daha mutlu eder."

◊ İsteklerinizi ifade ettikten sonra baskıcı olmayı bir kenara bırakın, bir adım geri çekilin ve izleyin.

- ***Partnerinizi istediğiniz davranışa teşvik etmeye çalışın.***

Partneriniz o davranışlarından hoşlanmadığınızı bilse bile davranışınızdan hoşnut olmamanız o davranışı değiştirmeye yeterli gelmeyebilir. Davranışı değiştirme konusunda teşvik etmek için ona örnekler vererek o davranışın dışarıdan nasıl göründüğüne dair fikirler vermeye çalışın. Mesela; örnekler vererek meseleyi başka birinin üzerinden 3. bir göz olarak anlatabilirsiniz. Cümleye "Bilmem biliyor musun ama böyle bir şey duydum, ne kadar kötü değil mi diye başlayabilirsiniz.

- ***İstediğiniz yönde bir değişim olmuyorsa her şeyi bu haliyle kabullenip kabullenemeyeceğinizi değerlendirin.***

Davranışlar istediğiniz şekilde değişmezse, partnerinizi bu haliyle kabul edip etmeyeceğinize karar verin. Bu soruyu cesur bir şekilde sorun kendinize ve kararınızdan pişmanlık duymayın.

Zehirli Bir İlişki İçerisinde Olduğumu Nasıl Anlarım?

Evlilik ya da ilişkilerde beklentimiz duygusal olarak tamamlanmak, sevilmek, gelişmek ve büyümektir. Her ilişkinin raydan çıkma tehlikesi atlattığı anlar, krizler olur, bu anlar aşıldığında daha güçlü bir beraberlikle yola devam edilebilir. Ancak bazen kendinizi sürekli tekrarlayan bir kısırdöngünün içinde hapsolmuş bulursunuz. Arkadaşlarınızla, sevdiklerinizle konuşur, psikologlardan, uzmanlardan fikir edinmeye çalışırsınız. Sorunun ne olduğunu anlama noktasında bile sıkıntı, bir zihin karmaşası yaşarsınız. Ne olduğunu bilmezsiniz ama hissettiklerinizi gayet iyi tanımlayabilirsiniz: mutsuzluk, suçluluk, sıkışmışlık, çaresizlik, değersizlik, güçsüzlük...

Zehirli bir ilişkideyseniz öncelikle fark etmeniz gereken şey şudur: "Beni sevdiği için bana kötü davranıyor, seven insan kızar, kıskanır, döver de sever de, karakteri böyle, geçmiş travmasından dolayı böyle davranıyor, korkularından dolayı beni istemeden incitiyor" gibi düşünce kalıplarını bir kenara bırakmalısınız. Kötü davranış ve söz sevgiyi ifade etmenin yolu değildir.

İlişkinizde sözel ya da duygusal taciz, manipülasyon, nefret, kontrolsüz öfke, suçlama, terk edilme tehdidi, aşırı kontrol ve kıskançlık, bağımlılık, gerçeklikten uzaklaşma, kimlik karmaşası, kendine zarar verme, narsistik beklentiler, aldatma, zararlı alışkanlıklardan herhangi biri varsa bu ilişki sizin için zehirli bir ilişkidir.

Hayatınızdaki kişinin "olduğunu sandığınız" kişi çıkmaması hayal kırıcıdır. İlk başlarda bu durumlar görmezden gelinse de artık öyle şiddetlendiği zamanlar olur ki siz sadece meseleleri yatıştırmakla uğraşırken yakalarsınız kendinizi. Ne olup bittiğine dair sağlıklı çıkarımlar bile yapmaktan uzaklaşırsınız. Gitmek istersiniz ama hareket edemezsiniz. Bedeniniz ve ruhunuz bazı emareler göstermeye başlamıştır bile ama aklınız sanki kilitlenmiştir, bir kuyunun içine çekilirsiniz.

Çiftlerden herhangi birinin sergilediği bu davranışların nedeni ne olabilir? Elbette çok kesin hatlar çizerek bu kişileri "hasta" ilan etmek aşırı bir yorumdur ancak bu tarz insanların kişilik özelliklerinin bazı patolojik durumlara yatkın olduğunu söyleyebiliriz. Elbette burada önemli olan bir diğer şey şudur: Karşınızdaki insanı etiketlemek ya da kategorize etmekten ziyade sizi bu ilişkinin içinde tutan şey nedir? Zehirli bir ilişkinin içinde olduğunuzu fark ettiğinizde dönüp bakmanız gereken yer artık siz olmalısınızdır.

Zehirli Bir İlişkinin İşaretleri Nedir?

- ***Ani öfke patlamaları varsa.***

Kavga, tartışma her ilişkide olur, kızgınlık, öfke gibi duygular sağlıklı bir ruha sahip olduğumuzu da gösterir. Ancak yüksek öfke gerektirmeyen durumlarda bile partneriniz birden parlıyorsa, tepkilerini ölçemiyorsanız ve bu durum sizde tedirginlik yaratıyorsa, öfkeli olduğu anlarda çevreye ya da size zarar verici hareketlerde bulunuyorsa zehirli bir ilişkidesiniz demektir. Aşk, sevgi sürekli mücadeleyi gerektirmez. Keyifli ve mutlu bir beraberlik yerine sürekli onun suyuna gitmeye çalışmak ve yatıştırmaya uğraşmak ideal bir ilişki bilincinden çok uzak olduğunuz anlamına gelir.

- ***Yok sayma ve cezalandırma varsa.***

Nedenini kestiremediğiniz bir şekilde sebepsiz yere sizi yok sayıyorsa, mesajlarınıza ya da telefonlarınıza dönmüyorsa, sorularınıza imalı ya da suçlayıcı cevaplarla geri dönüyorsa ilişkinizin suları bulanmış demektir. Canınızı acıtan zayıf noktalarınızı yokluyor ve özellikle canınızı yakmaya çalışıyorsa sağlıklı bir ilişkide değilsinizdir. Narsistik ya da sınırda kişilik bozukluğu yaşayanlarda özellikle belirgin tip bir davranış modeli olan yok sayma ve cezalandırma, kişinin kendi taleplerinin karşılanmadığını düşündüğü durumda başvurduğu bir yoldur. Aslında sizin yanlış yaptığınız bir şey yokken bile ilgi çekmek, takdir edilmek, beğenilmek, kafa karıştırmak, ilişkiye bağımlı hale getirmek gibi amaçlarla yok sayma ya da cezalandırıcı davranışlar ortaya çıkabilir. Sağlıklı bir ilişkide, her iki insanın da birbirine destek olması gereklidir. Eğer zehirli bir ilişki içerisindeyseniz desteğe ihtiyaç duysanız bile odak daima partnerinizin üzerindedir, özne asla siz olmazsınız. Her zaman onun beklentileri ön plandadır. Sekste, sosyalleşirken ya da basit bir programda bile sizin talepleriniz önemsenmez.

- ***Yalan kronik bir hal aldıysa.***

Sağlıklı olmayan bir ilişki, sağlıklı insanları güvensiz, kıskanç ve şüpheli birine dönüştürebilir. Eğer ki ilişkide yalanlar söylenmeye başladıysa ya da şüpheli hareketler yapılıyorsa o ilişkide güven kalmamıştır. Zehirli bir ilişkideyse partneriniz yakalanmasına rağmen yalanlarına devam etmeye çalışır. Dahası bazen de bunu görmenizi ve kabul etmenizi, onaylamanızı bile bekleyebilir.

- ***Manipülasyon varsa.***

Manipülasyon çeşitli nedenlerle partnerinizin sizin üzerinizde hâkimiyet kurma, davranışlarınızı etkileme ve sizi kontrol etme arzusuyla ortaya çıkan bir sonuçtur. Manipülasyon üzeri örtük bir şekilde yapıldığında bunu fark etmeniz zaman alır. Örneğin partneriniz "O eteği giymende bir sorun yok ama ben çevreye güvenmiyorum" ya da "İşe başlama konusunda acele etme, ben ailemize tek başıma bakabilirim" gibi sizi fark ettirmeden sınırlar içinde hapsetmeye çalışabilir. Bağımlı kişilikler de terk edilme korkularıyla başa çıkamadıkları durumlarda sizi endişelendirmek adına maniple edebilirler. "Gidersen yaşayamam, bunun altından kalkamam" gibi vicdanınızı sızlatacak cümlelerin nedeni aslında korku ve kaygılarından dolayı sizi kontrol altına almak istekleridir. Bazen de sizi eksik olduğunuz zayıf yerlerinizden yakalayabilirler. Bu fiziksel bir eksikliğiniz ya da duygusal bir zaafınız, boşluğunuz olabilir. Karşınızdaki sizi nerenizden oymaya çalışıyor farkında olun. İstemediğiniz halde bir ilişkinin içine çekiliyorsanız gözünüzden kaçan bağlantıları bulmaya çalışın.

- ***Kendiniz olmaktan uzaklaştıysanız.***

Zehirli bir ilişkinin en büyük belirtisi kendinizden büyük ödünler vermeye başlamanızdır. Sevgiliniz sizi sürekli buduyorsa, sizi siz yapan en temel özelliğinizi sırf sevmiyor diye değiştirmeye zorluyorsa, kendinizi ilişkinizde ve sosyal hayatınızda silik hissetmeye başladıysanız, eskisine göre daha sessiz, yalnız ve hayatınızdaki kişiye mahkûm bir hale geldiyseniz bu sağlıklı bir ilişki yaşamadığınızı gösterir. Sevgiliniz hedefleriniz konusunda sizi engellemeye çalışıyorsa, cesaretlendirmek yerine cesaretinizi kırıyorsa, korkutuyorsa, iş ve eğitim alanlarında yapmak istediklerinizi küçümsüyor ve ciddiye almıyorsa dikkat... Kimse için yaşam tarzınızdan, sevdiğiniz hayattan, iş ve eğitim hedeflerinizden vazgeçmemelisiniz. Sağlıklı ilişki farklı iki hayatın yan yana uyumla dansı demektir. Her şeyden vazgeçip bir başkası için kendinizi feda etmek ya da tüm hayatınızı bir kenara bırakıp her şeyden vazgeçmek büyük bir ödündür ve telafisi ne yazık ki çok da kolay olmayabilir. Üstelik bunun bir sonunun olmadığını da görmelisiniz. Size bu tarz taleplerle gelen birisi artık sizin üzerinizde hâkimiyet kurduğunda kendi yaşam hakkınızın anahtarını da ona teslim etmiş olursunuz. Bu sonu gelmeyecek bir mahkûmiyettir ve biricik yaşamınıza yapacağınız en büyük kötülüktür.

- ***Sistematik suçlama varsa.***

Ne yapıyorsanız yapın her şeyin sorumlusu ilan ediliyorsanız, partneriniz kendi hatalarını değerlendirmekten kaçıyorsa, dahası konuşmaya çalıştığınızda bile bunu bir tehdit olarak algılıyor ve olumsuz bir şekilde size geri yansıtıyorsa zehirli bir ilişkidesiniz. Kendinizi iyi hissetmediğinizi bile söylemek bir bumerang gibi size olumsuz bir duyguyla dönebilir. Örneğin sevgilinize "Ben uzaklaştığını hissediyorum" dediğinizde "Çünkü bana çok nefretle bakıyorsun, asıl sen benden kaçıyorsun, dün akşam eve bile geç geldin" lafını duymak sizde suçluluk psikolojisini tetikler. Kendinize sorduğunuz acabalar çoğaldığında yani bu durum sistematik bir hal aldığında ise talepleriniz karşı tarafa geçmeyecek ancak sürekli yeni suçlamalara maruz kalacaksınızdır. Aslında buradaki durum tipik bir savunma mekanizması olan "yansıtma"dır.

İnsan karşılaştığı bazı durumlarda kendini korumak için çeşitli psikolojik savunma silahları geliştirmiştir. İnsanlığın varoluşundan itibaren kullandığı bu savunma mekanizmalarını Freud, 1930'lu yıllarda bilimselleştirmiş, ardından kızı Anna Freud da genişleterek insanı anlama adına yol gösterici olmuştur. Tüm insanlar, psikolojik bütünlüğünü ve benlik değerini korumak amacıyla zaman zaman çeşitli savunma mekanizmalarına başvururlar. Savunma mekanizmaları gerekli durumlarda kullanıldığında psikolojik bütünlüğümüzü sürdürmeye ve benliğimizi korumasına yardımcı olurken, sürekli ve abartılı olarak kullanımı da sağlıksız bir kişiliğe neden olur.

Yansıtma bu savunma mekanizmalarından biridir. Yansıtma ile kastettiğimiz mekanizma aslında benliğin kendisine yakıştıramadığı duygu ve düşünceleri çevresindeki insanlara atfetmesidir... Bireyin sakladığı kişilik özelliklerini başka bireylerde görme eğilimi yansıtmadır, kendine ait kabul edilemez eksikliklerini, hatalarını ya da suçlarını başkasının üzerine atmasıdır. Çoğunlukla narsistik insanlara has bir özelliktir.

- ***Yargılıyor ve eleştiriyorsa.***

Eleştiriler yapıcı olmalıdır. Sizi küçümseyen, her yaptığınıza bir kulp bulan ya da sizi kontrol etmek adına davranışlarınızı kısıtlamaya yöneltecek sözler sağlıklı bir ilişkinin göstergeleri değildir. Yeni bir iş kurmaya niyetlendiğinizde "Sen zaten yapamazsın, senin kapasiten buna yetmez" gibi olumsuz sözler hem özgüveninizi hem de kendinize olan saygınızı zedeler. Bir süre sonra gerçekten de güçsüz ve beceriksiz olduğunuzu düşünmeye dahi başlayabilirsiniz. Yargılamalar ise şu şekilde olur: "Sen zaten böylesin!" Uzlaşacak bir alan bulamadığınız hissinin sonucu çaresizlik ve tükenmişlik olur. Üstelik bunları başkalarının yanında yaparak, utanmanıza yol açıp sizin düşündüğünüz kadar değerli olmadığınızı göstermeye çalışan biri sizi zehirleyecektir.

- ***Tehdit ediyorsa.***

Sizi terk etmekle, zarar vermekle tehdit ediyorsa ilişkinizin sağlıklı olmadığına emin olabilirsiniz. Bu tarz durumlarda yakınlarınızdan, bir uzmandan destek almaktan çekinmeyin.

Beni Test Ediyor Olabilir mi?

Sevginizin, ilginizin düzeyini ölçmek adına yapılan her davranış güvenin ve samimiyetin olmadığını gösterir. Üstelik bu hiç de adil değildir. Sevmek ve sevilmek teste ihtiyaç duymaz, hesabı kitabı da olmamalıdır. Samimi bir sevgide ne kadar sevgi sunmak isterseniz o kadarını sunarsınız ancak karşılığında ne yapacağına dair beklenti içinde olmazsınız.

İlişkiye inanmayan, sevilmediğinde şüphe duyan biri test etme yoluna gidebilir. Ancak bu yol tehlikeli bir yoldur. Tabiri caizse ilişkinin sağlamlığını ölçmek adına yapılacak bir blöf çoğu zaman ters tepebilir.

Sevgiyi sınamak ve tepkileri ölçmek adına sınırları zorlamak, yapılmaması gereken hamleleri yapmak bir ilişkinin sonunu getirmeye yetebilir. Acaba beni seviyor mu diye kıskandırmaya çalışmak, sevgiyi ölçmek için birinin sabrını zorlamak ilişkinize hasar verir. Dolambaçlı yollarda kaybolmaktansa sahici olanın peşinde olun.

Eğer sevgilinizin-eşinizin sizi test ettiğini düşünüyorsanız bu davranışa yönelmesinin altındaki nedenleri bulun. Bir güvensizlik mi yaşıyor? Korkuları mı var? Neden sevildiğini bilmeye ihtiyaç duyuyor? Ona yeterince güven vaat etmiyor musunuz yoksa sevgiliniz aşırı şüpheci mi? Sevginizi göstermekte biraz cimri misiniz yoksa o bir ilgi arsızı mı? Her iki taraftan da kaynaklanabilecek temel kişilik özelliklerini okumaya çalışın ve bu teste tabi edilme durumunu ortadan kaldırın. Eğer gerçekten dürüst bir ilişki içindeyseniz buna ihtiyacınızın olmadığını partnerinize açıklayın.

Jung *"Diğerinin sevmediğimiz özellikleri, kendimizi bulmaya yardım edebilir"* der. Test etme durumunda da yansıtma mekanizmaları çalışıyor olabilir. Sizi aldatıp aldatmayacağını test etmeye niyetlenen birinin aklından aldatma düşüncelerinin geçmediğine emin olabilir miyiz? Bu yoklama halleri gururunuzu okşamasın, masum bir oyun gibi algılanmasın. Aşırı paranoyanın altında çok ciddi patolojik durumlar bile var olabilir.

Bana Olan İlgisini Kaybetti, Ne Yapmalıyım?

Nedenini anlamadığınız uzaklaşmalar endişe duymanıza yol açar. Bu durumda güçlü ve inançlı bir şekilde ilerlemek zordur. Eski günlerin tazeliğini ve canlılığını geri getirmenin bazı yolları vardır. Ancak eğer sizi hayatında istemiyorsa siz ne yaparsanız yapın bir şey değişmeyecektir. Ancak yine de denemeye değer diyorsanız harekete geçebilirsiniz.

- Yatak odanız eskisi kadar hareketli değilse, daha az sarılıyor, öpüyor, dokunuyorsa, daha az vakit geçirmek istiyorsa gözündeki eski cazibenizi yitirmiş olabilirsiniz. Eski heyecanlı günleri hatırlayın. Özgüveninizi yükseltin, bakımlı olmaya daha dikkat etin hatta belki de fiziksel görünümünüzde bazı değişiklikler bile yapabilirsiniz. Zayıflamak-kilo almak, saç kesiminizi ya da rengini değiştirmek kendinizi iyi hissettirir. Ancak en önemlisi de ruhunuza bakım yapmanızdır. Sevgilinizin yanında sönük, mutsuz ve endişeli olmamaya çalışın. Evet bir sorun varsa endişe duymanız ya da bu durumun psikolojinize olan olumsuz etkisini gizlemek zordur. Bunlar yokmuş gibi sahte bir maske takmayı da tercih etmeyin. Bu durumun canınızı sıktığını bilmesi ancak her şeye rağmen hayata inançla, mutlulukla devam ettiğinizin sinyallerini verin. Güçlü duruşunuz onun gözündeki cazibenizi tekrar büyütecektir.

Eğer romantizmi tercih edenlerdenseniz rutininizi değiştirip farklı bir şehirde bir hafta sonu kaçamağı planlayabilir, ilişkinize nefes aldırabilirsiniz. Yeni bir atmosferde sorunlara odaklanmaktan da kaçmış olur, birbiriniz için ne ifade ettiğinizin gerçek ipuçlarını keşfedebilirsiniz.

• Rutinin getirdiği tekdüzelikten sıyrılmak için neler yapabilirsiniz düşünün. Gün içinde aynı şeyleri konuşmak, hayatındaki monotonluğu tekrarlamak uzaklaşmanıza yol açıyorsa griliği renklendirmenin formüllerini bulun. İki kişilik bir yaşama sıkışıp kalmaktansa arkadaşlarınızı da dahil edebileceğiniz, zenginleşebileceğiniz ortamlar oluşturun. Çevrenizde değerli, sohbetinden ve paylaşımından zevk aldığınız keyifli insanlarla bir araya gelin.

• Sizden daha çok arkadaşlarıyla sosyalleşme eğilimindeyse bir süre ona izin verin. Bu geçici olarak gayet normaldir. Ancak kalıcı hale gelmeye başlarsa ya da siz onun planına dahil olmak istediğinizde geri çevrilirseniz nedenlerini öğrenmeye çalışın. Sizi gerçekten istemiyorsa bu konuda tavrı da net olacaktır.

• Sizi daha az araması, ulaşamadığınızda size geri dönmemesi, sizinle daha az bağlantı kurmak istemesinin altındaki nedenleri sorgulayın. İş temposu ve yoğunluktan kaynaklanıyor olabilir mi? Yoksa sudan bahanelerle sizden uzak mı kalmaya çalışıyor? Net bir şekilde onunla daha sıkı bağlantıda kalmak istediğinizi söylediğinizde tepkisini ölçün. Yapıcı olmaya razı mı? Yoksa gönülsüz bir kahraman mı var karşınızda? Seven insan her zaman çaba gösterir, sizin çabalarınıza karşılık bir hamle gelmiyorsa istenmediğinizi anlatmak istiyordur.

- İlişkilerde bugününüze, anınıza odaklanmak sağlıklı olsa da geleceğe dönük planlar üzerine eğilmek de ihtiyaç haline gelebilir. Yeni başlayan bir ilişki için gündemde olmasa da oturmuş bir ilişkide gelecek planları konuşulmalıdır. En azından kimin ne beklediğine dair konular açılabilir. Sevgiliniz gelecekle ilgili konuşmalardan kaçıyorsa ya da planlarından bahsettiğinde size yer vermiyorsa beklentilerinizden haberdar olmasını sağlayabilirsiniz. Ona yönelik uzun vadeli bir hayat planladığınızı göstermeniz onun da ilişkinizi ciddiye aldığını anlatacaktır.

- Her durumda yanınızda olmamasının nedenlerini araştırmak yerine onun her anında yanında olmaya çalışın. Sizin hamlelerinizi gördükçe ve desteğinizi hissettikçe size olan ilgisi tekrar büyüyecektir. Koşulsuz sevgi ve destek onun hoşuna gidecektir.

- Sizden uzaklaşmasının sebebi size olan bir kızgınlık, kırgınlık olabilir mi? Böyle durumlarda bazı insanlar konuşmak ve çözüm aramak yerine kendi köşelerine çekilip anlaşılmayı bekleyebilirler. Ona bir şeye bozulup bozulmadığını sorun. Eğer öyle değilse bile en azından bu seçeneği elemiş olursunuz.

Yukarıda bahsettiğim tavsiyelere uyduğunuz halde karşı taraftan hâlâ olumlu bir etki alamazsanız ilişkinizi bitirmeye istekli olduğunun farkına varmalı ve kendinize ona göre bir yol çizmeyi denemelisiniz.

Aklında Başka Biri Olup Olmadığını Nasıl Anlarım?

"Başka biri var" cümlesi hâlâ seven taraf için oldukça yıkıcıdır. Genelde insanlar hayatlarındaki kişiyi kaybetmemek için ya da kırıcı olmamak için dürüst olmasa da yeni birinin varlığını açık açık dile getiremezler. Çok az kimse açık yüreklilikle bunu ifade etmeyi tercih eder. Hele ki ilişkiyi başka birinin varlığı ile sonlandırmayı kimse tercih etmez. Bu hem suçluluk yaratır hem de vicdan açısından rahatsız edicidir.

Ancak sevgilinizin hayatında yeni biri varsa ve sözle dile getiremese bile bunun emarelerini az ya da çok göstermeye başlar.

- Partneriniz yaşamındaki detayları ya da büyük şeyleri sizinle paylaşmıyorsa, eskisi gibi sırdaşlık kurmuyorsa bunları paylaştığı başka biri olabilir. Çünkü içgüdüsel olarak ilgilendiğimiz insanla hayatımızdaki en ufak bir detayı bile paylaşmak isteriz. Güldüğümüz, ağladığımız her an elimiz telefona, mesaja gider, yanımızda olmasa da kurduğumuz bağ nedeniyle onun bunu bilmesini isteriz. Onun hayatına dair önemli gelişmeleri bile tesadüfen öğreniyorsanız, önemsiz bir detay gibi görüp bazı şeyleri size anlatmaktan kaçıyorsa sizinle olan paylaşımı azaltmasının nedenlerini bulun.

- Eğer ağzından yeni tanıştığı ya da yakın çevresinde olup çok samimi olmadığı birinin ismini daha sık duymaya başladıysanız bu önemli bir işaret olabilir. Birinden hoşlandığımızda onunla ilgili detayları daha çok anlatmaya başlarız. Ayrıca telefonla daha fazla vakit geçiriyorsa, özellikle sürekli birileriyle mesajlaşıyorsa endişelenmeye başlamanız normaldir.

• Telefonunu saklamaya başladıysa, bir şekilde özel bir savunma geliştirdiyse, siz telefonuyla bir gerekçeyle ilgilenirken tedirgin oluyorsa dikkatli olmalısınız. Bir anda şifre koyması da bir şeyler gizlendiğini gösterir. Muhtemelen sizin görmekten hoşlanmayacağınız bir şeyler oluyor.

• Sizin dahil olmadığınız programlarla ilgili sorularınıza savunmacı tepkiler mi veriyor? Örneğin "Dün akşam neredeydin?" diye sorduğunuzda sinirlenip savunmaya geçmesi bazı şeyleri gizlediğini gösterir. Savunma psikolojisinin altında bir şeylerin üstünü örtme ya da suçluluk vardır.

• Sizin yanınızda sıkıldığını belli ediyorsa ya da anda değilse ve zihni sürekli başka yerlerde geziniyorsa, siz bunun nedenleri ile ilgili konuşmak istediğinizde yine fazla tepkisel davranıyorsa hayatında başka biri olabilir. Yeni heyecana yönelik merak ve heves artık sizinle olma isteğini öldürecektir. Bu nedenle de size karşı daha anlayışsız ve sabırsız olacaktır. Sizin kırılıp kırılmamanıza da eskisi gibi özen göstermeyecektir.

• Yaşamında dahil ettiği yeni bir hobi ya da spor salonuna yazılmak gibi bir programdan sizi haberdar etti mi yoksa size sormadan bunları yapmaya mı başladı? Acaba evden ve sizden uzaklaşmanın yollarını kovalıyor olabilir mi?

• Sadece size yönelik gelişen bir cimrilik söz konusuysa dikkat diyorum. Eskiden daha cömertçe harcanan şeyler yerini tasarrufa bıraktıysa artık öncelik başkasına geçmiş olabilir.

• Olağandışı gelişen durumlardan biri de size şimdiye kadar cömert olmayan birinin fazlaca cömert davranmasıdır. Durduk yere alınan hediye ve çiçekler suçluluk psikolojisinden kaynaklanıyor olabilir.

Seks Hayatımızı Nasıl Renklendirebilirim?

İlişkide cinsellik en önemli paylaşım anlarındandır. Rutine binmiş bir ilişkiyi canlandırmanın en önemli ayağı da seks yaşamını düzenlemekten geçer. Eğer yenilik peşindeyseniz, nerden başlayacağınızı bilemiyorsanız bazı önemli tüyolar:

- Kırmızının insanı daha çekici hale getirdiği bilimsel olarak kanıtlanmıştır. Kırmızı uyarıcı bir renk olduğundan kırmızı iç çamaşırı ya da yatak odasında kullanacağınız kırmızı çarşaflar, mumlar ısıyı yükseltmek için birebirdir.

- Bedensel aktivitelerin sağlığa iyi geldiği muhakkak. Ancak özellikle yoganın erkeklerde orgazm süresini uzattığı görülmüştür. Günde 1 saat yoga yapmak performansın 3'e katlanmasına yardımcı oluyor. Hareketsiz bir yaşam hem kadın için hem de erkek için daha çok problem demektir.

- Cinsellik ilişkide en özgür olunması gereken anlardan biridir. Yatakta utanmadan sıkılmadan ne istediğini söyleyen çiftlerin daha mutlu bir ilişki içinde olduğu görülmüştür.

- Yapılan araştırmalara göre gülmek cinsel ilişki sırasında alınan hazzı da artırıyor. Sevişmeden önce komedi filmi izlemek, şakalaşmak sıkı bir ön sevişme gibi düşünülebilir. Çünkü gülmek kan basıncını yükselterek kalp atış hızını artırıyor ve kardiyovasküler sistemi daha da iyi çalışır hale getiriyor. Bu da yatak odasında doyumunuzu daha yükseltiyor.

- Genelde gece sevişmeyi tercih edebilirsiniz ancak sabah seksini ihmal etmeyin. Özellikle erkekler açısından gece boyunca zirve yapan testosteron sabah sekse daha hazır hale gelmek demektir.

• Uzun süredir birlikte olan çiftler, değişimlere genellikle kapalı olurlar. Ama sekste arada sırada da olsa değişimlerin, değişik fantezilerin önemli olduğu konusunda uzmanlar hemfikir. Değişim, belki dantelli seksi bir iç çamaşırı ya da birbirinize yapacağınız masaj, belki kullanacağınız seks oyuncakları veya birlikte duş almaktır. Cesur olmaktan korkmayın.

• Cinsellikten doyum almak için hem kendi bedeninizi hem de sevgilinizin bedenini keşfetmekten utanmayın. Yeni teknikler denemek, öğrendiğiniz yeni bilgileri paylaşma noktasında açık olun. Unutmayın erkekler kadınlara göre sekse daha fazla önem verirler. Kadınlar da duygusal olarak bağlı oldukları erkeklerle daha mutlu bir cinsellik yaşarlar. Bencil olmayın. Karşınızdakini mutlu edecek şeylerin sizi de mutlu edeceğinin bilincinde olarak paylaşımcı davranın. Partnerinizin değişik fantezilerine karşı yargılayıcı olmayın, onu mutlu edecek deneyimlere açık olun.

• Cinselliği bir görev olarak görmeyin. İstediği her an hazır olmamak da işin sürprizli bir kısmı olmalı. Ancak bu süreci onu sizi daha çok arzulayacak noktaya getirmeyi de ihmal etmeyin. Sözlerinizle, dokunuşlarınızla onu tahrik etmenin yollarını kovalayın. Böylece her beraberliğiniz özel ve birbirinden farklı olacak, sıkıcı bir rutine binmeyecektir.

• Partnerinize sadece dışarıdayken dekoltenizi sergilemek zorunda değilsiniz (elbette hoşlanıyorsa). Ev içinde de seksi olun. Pijama terlik modunda sizi görmesi bir süre sonra arzularının sönmesine neden olacaktır. Şık gecelikler, sabahlıklar ve makyajınız evdeyken de sizinle olsun.

• Sevişme öncesi erotik filmler izlemek cinsel yaşamı hareketlendirmenin sihirli formüllerinden biri olabilir. Elbette hayatınızdaki kişi bu konuda açık değilse belki öncesinde fikrini sorabilirsiniz.

Gerçek Sevgi mi Yoksa Takıntı mı?

Gerçek bağlılık duygusuyla takıntı birbirine benzediğinden ilişki içinde gelişen bağlanmayı yanlış okumak mümkündür. Bağlılık, sadık olmak sağlıklı ilişki özellikleridir ancak takıntı tamamen sağlıksız ve yıpratıcıdır. Sıklıkla bu ikisi birbirine karıştırılır.

İlişkide tatmin olmak için kendinizi tamamen onun kollarına bırakmanız gerekir. Bu derinliğini ölçemediğiniz bir denize dalmak gibidir. Ancak aşk demek risk demektir. Endişe ve kaygıları bir kenara bırakarak bu riski almak istersiniz âşık olduğunuzda. Tamamen savunmasız olmanız ve karşınızdaki kişiye izin vermeniz gerekir. Yani aşk aslında bilinmezliğe teslim olmaktır.

Tüm bu belirsizliklerin içindeyken hem kendi hem de hayatınızdaki kişinin duygularından emin olmanız zordur. Sevgilinizin sizin için gerçekten ne hissettiğini bilmemek sizin için korkutucu olabilir.

Aşkın kendi doğasının obsesyon olduğunu ifade etmiştik. Yoğun duygular beslediğiniz insanı merak etmek, sürekli onu düşünmek, resimlerine bakmak ilişkinin ilk zamanlarındaki en yoğun takıntı işaretleridir. Ancak bu masum takıntı sağlıksız olan takıntıdan farklıdır. İlişki içinde zamanla duygular daha dengeli hale gelir, sevgi, şefkat ve güvene bırakır yerini, yani dingin duygulara. Ancak takıntı işin içine girdiğinde dingin bir ilişkiden söz etmek zordur.

Kıskançlık, öfke, birbirine zarar verme gibi yıkıcı duygu ve davranışların işin içine girdiği saplantılı aşklar sadece filmlerde ve romanlarda güzeldir.

Peki sağlıklı ve saplantılı ilişki birbirinden nasıl ayrılır?

- Sağlıklı bir ilişkide ilk başlarda görülen heyecan ve merak takıntılı ilişkide kendini saplantılara bırakır. Aşırı kuruntu, kıskançlık, yolda gördüğünüz bir dostunuza merhaba demenizin bile yaratacağı şüphe, psikolojik ve belki de fiziksel şiddet saplantılı bir ilişkinin göstergeleridir.

- Saplantılı ilişkinin en net ifadesi sevginin yerini kaygının almasıdır. Karşısındakine güven duyma ve ayrılıkla ilgili kaygılar zihni sürekli meşgul eder. Bu meşguliyeti bastırmak ve ortadan kaldırmak içinse kişi rahatlatacak eylemlerde bulunur. Yanında olmadığında kontrol etmek için arar, konum atmasını ister ya da inanmaz görüntülü arama yaptırır. Takıntı zihne istenmeden dolan, tekrarlayan, sıkıntı veren düşüncelerdir. Bu sıkıntı veren düşünceleri ortadan kaldırmak için çeşitli davranışlarla rahatlama yoluna gidilir ancak bu davranışlar bir süre sonra işlevini yitirir ve anlamsız bir kısırdöngüde bulur kendini takıntılı kişi. Tekrar tekrar aynı davranışı yineler ve asla tatmin olmaz.

- Saplantılı kişi hayatındaki insanı kontrol etmek için müthiş bir efor sarf eder. Bunun için zaman ve para harcamaktan çekinmez. Sevdiği kişiyi yakınında tutmak için bazı manipülasyon ve kontrol mekanizmalarını çalıştırır. İlerleyen durumlarda daha vahim tablolara bile neden olabilen saplantılı ilişki aslında ağır bir bağımlılıktır.

- Saplantılı kişinin daha düşük özgüvene ve aşırı yüksek onaylanmaya ihtiyaç duyduğunu söyleyebiliriz. Genel olarak dengeli bir ruh hali sergilemekten uzak olan saplantılı kişi ilişki içinde de tutarsızdır. Sevdiği kişiyi iki uca getirip götürecektir. Olumlu ve olumsuz özellikler arasında gidip gelen saplantılı kişi için ilgi duyulan kişi sevilme ve nefret edilme arasında dönüp durur. Aşırı ilgili halleriyle sürekli merak eder, araştırır.

- Bir insan sadece tutkuları tarafından yönetiliyorsa bu gerçek bir saplantıdır. Hayatını tamamen size odaklamışsa ve başka bir odağa yönelemiyorsa, hayatının merkezinde siz varsanız o kişinin hissettiği şeyler aşktan çok takıntıdır. Biri her hareketinizi düşünüyor, bütün eylemlerinizi takip etmek istiyorsa bu sağlıklı bir davranış değildir. Aşk, gün içerisinde işyerinde ya da sosyal çevrede karşımızdaki insana alan ve özgürlükler bırakmayı gerekli kılar, ilişkide sağlıklı olan da budur.

- Eğer takıntılı olduğunuzu veya eşinizin takıntılı olduğunu düşünüyorsanız, onunla konuşmaktan çekinmeyin. Gerekiyorsa bir uzmandan yardım alın. Bazen insanlar davranışlarının ardındaki şeyleri göremezler, sağlıklı bir ilişki için açık iletişim çok önemlidir.

Sevgilim Benden Pek Çok Anlamda Daha Güçlü, İlişkimi Nasıl Yürüteceğim?

Toplumsal açıdan ilişkilere baktığınızda kadın ve erkekler için hazır biçilmiş roller olduğunu görürsünüz. Örneğin kadın dişi kuştur, erkek ise eve para kazanıp getirmesi gerekendir. Kadın çocuklarının anası olmalıdır, evini beklemelidir, erkek ise çapkınlık yapabilecek özgürlüğe sahiptir.

Nasıl bir ailede yetişmiş olursanız olun kültürel olarak bu saydığım ifadeler çoğunuz için tanıdıktır. Hatta küçüklükten itibaren okuduğumuz çoğu masalda bile kadın ve erkek kahraman için çizilen yollar aşağı yukarı bellidir.

Çocukluktan itibaren aldığımız kültürel kodlar ne yazık ki ilişkilere bakış açımızı da dar bir alana hapseder. Yeni bir ilişkiye başladığınızda anne babanızdan öğrendiklerinize uygun bir ideal ilişki yaratma hayaliniz vardır. Hatta bunlar olumsuz bile olabilir. Örneğin çocukluğunuz sürekli anne babanızın tartışmasını izleyerek geçtiyse sizin de kuracağınız ilişkide çatışmanın olağan bir şeymiş gibi yerleşik olması muhtemel olacaktır.

Özetle yaşadığınız ilişkinin kodlarının çoğunu geçmişinizden alırsınız ve siz farkında olmasanız da bu kodlar içerilerde bir yerde her zaman çalışır.

Klasik kabullerden birisi de erkek kadından her anlamda daha üstün olmalı, daha zengin olmalı, daha yetenekli olmalı gibi düşüncelerdir. Peki gerçekten de bu böyle olmak zorunda mıdır?

Elbette bu sağlıklı bir ilişki bilinci geliştirmemenin bir ürünüdür. Sizden daha yetenekli, daha zeki ya da daha zengin biriyle olmanın size ağır bir külfet yaratacağını düşünüyorsanız bu sizin düşük özgüveninizle ilgili olabilir.

Özgüven eksikliği karşınızdaki insanı gözünüzde aşırı büyütmenize yol açar. Bu aşırı büyütmeden dolayı kendinizi güvensiz hissedersiniz. Herkesin hayat yolculuğunun farklı olduğunu hatırlayın. Herkes farklı deneyimlerden geçerek büyür hayatta, kimi çok şanslıdır ve dilediği tüm imkânlara erişebilir vaziyettedir. Kimi ise şansını kendisi yaratmak zorundadır çünkü hayatta kalmasının başka bir yolu yoktur.

Eğer hayata bir koşu gibi bakarsak kimimizin çok gerilerden gelip önde olanların çoğunu geçip ilerlediğini görürüz. Dolayısıyla bulunduğunuz hayatın içinde edinemediklerinizi ve ulaşamadıklarınız için kendinize olan güveninizi yitirmek kendinize yapacağınız büyük bir haksızlıktır. Kimse insan olarak kimseden üstün ya da daha güçlü değildir. Eğer kendinize yönelik bir özgüven eksikliğinden mustaripseniz bunun üstesinden gelmenin yolları vardır.

- Düşük benlik algısı genellikle yaşamın erken yaşlarında başlar. Örneğin, çevrenizden sürekli olumsuz eleştiri alırsanız ve yaptığınız şeyler için azarlanırsanız bu olumlu bir öz imaj edinip kendinden emin bir yetişkin haline gelmenizi engeller. Bu nedenle, kendinize olan güveninizi artırmaya yardımcı olmak için kendinizdeki olumlu özellikleri, sevdiğiniz yönleri düşünerek benliğinizde yarattığınız yanlış algıyı düzeltmeye çalışın. Ve sizi siz olduğunuz için seven, sizi pozitif anlamda pekiştiren insanlarla bir çevre kurmaya özen gösterin.

- Kendinizi başkalarıyla kıyaslamaktan vazgeçin. Kıyaslamak, yalnızca olumsuz bir öz imaja yol açmaz, kötü benlik algısı, strese, işinizi ve ilişkilerinizi hem fiziksel hem de zihinsel olarak etkileyecek endişelere yol açar. Siz başlı başına bir hazinesiniz, kendinizi başkalarıyla kıyaslamaya hiç ihtiyacınız yok buna inanın.

- Başkaları için değil önce kendiniz için bakımlı olun. Güzel kıyafetler giyinmek, düzenli beslenmek, spor yapmak, makyaj yapmak, bakımlı olmak, bunlar kulağa basit gibi gelse de kendinizi iyi hissetmenize yardımcı olurlar. Kendi yaşam alanınızı konforlu ve çekici bir hale getirmek ruh halinizi iyileştirmeye yardımcı olur.

- Kendinizi ilişkinizde hangi konularda eksik görüyorsanız o yanlarınızı tamamlamaya çalışmak sizi güçlü bir insan haline getirir. Kendinizi başkalarıyla kıyaslamak yerine, kendi kendinize mutlu olmanın ve kendinizi sevmenin yollarına odaklanmanız özsaygınız ve ilişkiniz için çok önemli bir adımdır.

Neden Ona Bir Türlü Güvenemiyorum?

Güven ve bağlılık el ele dolaşırlar. Hayatınızdaki insana ne denli güvenirseniz o denli de bağlı ve sadık hissedersiniz.

Sevgilinize bir türlü güvenemiyorsanız öncelikle kendinize neden böyle hissettiğinizi sormalısınız. Neden ona güvenmiyorsunuz? Şüphe uyandıran bir şey mi yaptı? Sizden kaçıyormuş gibi mi hissediyorsunuz? Biri onun güvenilir olmadığını mı söyledi? Endişelerinizi destekleyecek kanıtlarınız var mı?

Partnerinize güvensizliğinizin sebebini bulmak için bu soruları kendinize sorup bütün hepsine dürüst cevaplar vermelisiniz.

Partnerinizin güvenilmez olup olmadığı konusunda herhangi bir varsayımda bulunmadan önce geçmiş ilişkilerinizi gözden geçirin. Geçmişte aldatılmanız, şu anki partnerinize güvenmemeniz için anlaşılabilir bir durumdur. Geçmişte yaşadığınız kötü tecrübelerin partnerinize güvenmenizi imkânsız hale getirdiğini düşünüyor olabilirsiniz. Güven problemi olan ilişkilerde genellikle güven problemi yaşamayan taraf güven problemi olan kişiye karşı daha sabırlı ve daha özverili davranma eğilimindedir. Bu da aslında sizin güveninizi hak ettiğinin bir göstergesidir.

Partnerinize güvenmeye çalışmanın ilk yolu onun güvenilir biri olduğuna inanmaktır. Bunu partnerinize taahhüt edin. Kulağa çok basit gelse de, partnerinize güvenmek için taahhütte bulunmak, buna göre hareket etmenize yardımcı olacaktır.

Güvenmeyi öğrenmenin bir yolu da empati yapabilmektir. Siz ona güvensiz olduğunuzda onun ne hissettiğini düşünmeye çalışın. Bu adımın en önemli kısmı da partnerinizin bu konuda ne hissettiğini ve düşüncelerini dinlemek ve bu konuda ona saygı duymaktır.

Güven inşa etmenin bir diğer yolu ise yüz yüze etkileşim ve iletişim kurmaktan geçer. Söylemek istediklerinizi özellikle yüz yüze söylemeye özen gösterin. Bazen o an konuşmanız gereken şeyleri mesajla ya da telefonla söylemeniz gerekebilir. Önemli olmayan şeyler için bu iyi bir yoldur. Ama çok önemli olan konuları, özellikle çözmeye çalıştığınız problemleri mutlaka yüz yüze konuşun. Birisinin gözlerine bakarken sorduğunuz soruların cevaplarını almak o kişiye güvenmeniz açısından önemlidir.

İlişkilerde hata yapmak kaçınılmazdır. Hem siz hem de partneriniz bir hata yaptığında bunu kabul edip, özür dilemeyi bilmelisiniz. İçtenlikle özür dilemek ilişkinizde daha güvenli hissetmenize neden olacaktır.

Yaşadığınız bir problemin ardından eğer ki partneriniz çok içten bir şekilde özür dilediyse ve siz de ona yürekten bir şekilde inanmayı tercih ettiyseniz, bu konuyu daha fazla uzatmamaya özen gösterin.

Partnerinizle sürekli zaman geçirmek güven inşa etmek için önemli bir yoldur. Ancak kendiniz, aileniz ve arkadaşlarınız için de zaman ayırmanız gerektiğini unutmayın. Partnerinizden bir süre de olsa uzaklaşmak, kendi içgüdülerinize güvenmenize ve hatta ilişkiniz hakkında yeni bilgiler edinmenize yardımcı olacaktır. İlişkiniz ile ilgili aklınızda soru işaretleri varsa mutlaka yakın arkadaşlarınızla veya ailenizle endişeleriniz hakkında konuşmayı deneyin. Bu, duygularınızı analiz etmenize ve güveninizin hak edilmesi konusunda yeni bakış açısı kazanmanıza yardımcı olacaktır.

Güven bir gecede ortaya çıkacak bir şey değildir. Çok fazla çaba, sabır, inanç ve özen gerektirir.

İlişkimde Güveni Nasıl İnşa Edebilirim?

Güveni yeniden inşa etmek, ilk başta olduğundan daha çok zaman, sabır ve çokça çaba gerektirir. Ama çiftler karşılıklı olarak motive olmuşlarsa bunun üstesinden gelebilirler. Önemli olan soru bunun için istekli olup olmamanızdır. Eğer bu sorunun cevabına verdiğiniz cevap "evet" ise birlikte nasıl bir yol izleyeceğinize bakalım.

Kendini koruma içgüdülerimiz, binlerce yıldır hayatta kalmak için evrimsel olarak teşvik edilmiştir. Kıskançlık duygusunun evrimsel açıdan nasıl geliştiğini anlatmıştım. Aldatılmak da buna benzer. Bir kez kandırıldıktan sonra hayatta kalmak adına davranış ve beklentilerimizi evrimsel olarak korunmaya ayarlarız. Çünkü üzülmek demek bizim için acı, hastalık, zaman ve enerji kaybı demektir ve bunlar da bizim yaşamımızı tehlikeye atar. Üzülmemek içinse, bir dahaki sefere insanlara güvenmemeyi tercih etme eğiliminde oluruz. Ancak hayatın insanlara tamamen güvenmeyerek geçmeyeceği de aşikâr. Daha korunaklı ve dikkatli bir şekilde de olsa yeniden güveni inşa etmek zorundayız.

Eğer ilişkideki güveni artırmak istiyorsanız, gerçek duygularınızı temsil etmeyen şeyleri söylemeyi bırakmanız şart. Neyseniz o olmalısınız, ne hissediyorsanız onu söylemelisiniz. Ufak görünen pembe yalanlar söylenmeye devam ettiği zaman kronikleşir ve kimse ağzınızdan çıkan sözlere inanmaz.

Partnerinizin size duygusal olarak zarar verebileceği bir diğer şey kendinizi küçümsemeniz, eksik hissetmeniz ve saygı duymak yerine kendinizi hor görmenizdir. Bir anne oğul veya bir kasiyer müşteri arasındaki saygı seviyesini bir düşünün. Duygusal olarak ilişkiniz ne kadar samimi olursa, temel saygı seviyesini sürdürmek daha kolay olur. Ne yazık ki birisine sıkı sıkıya bağlı olduğunuzda, bazen ona yarardan çok zararınız dokunabilir. Ancak saygıyı ihlal eden her davranışın güveni de ihlal edeceğini unutmayın.

Güvenli olan, şüphelerinizi bir kenara bırakmaktır. Güvenin kırıldığı ilişkilerde tüm şüpheleri bir kerede yok saymak da çok akıllıca olmayabilir. Fakat zamanla, güveninizi gerçekten inşa etmeyi umut ediyorsanız, şüphenin giderilmesi için bazı anılarınızı tekrar bir araya getirmeye istekli olmalısınız. Herkesin, her şeyin yolunda gittiğini iddia ettiği, duygusal olarak samimi olmayan bir ilişkiye sahip olmak kolaydır. Çünkü bir taraf diğer tarafa ona farklı gelen duygu ve düşüncelerini idare edebilecek kadar güvenemez. Zorlu duyguları yönetmeye çalışmak zordur. İlişkinizde otomatik olarak tehdit altında hissetmemek için de çatışmaya girmemek gerekir. Ancak, gerçekten biriyle güven inşa etmek istiyorsanız, onlara duygusal olarak kim olduğunuzu da dahil olmak üzere gerçek siz ile bağlantı kurma fırsatı vermelisiniz. Bazen güvenin tekrar oluşması için konforlu alanlarınızdan çıkıp, bazı şeyler için risk almanız gerekebilir.

Beni Maniple Ediyor Olabilir mi?

İlişkinizde kendinizi boğuluyor mu hissediyorsunuz? İma yollu ya da dolaylı olarak sizi hiç durmadan eleştiriyor mu, sizin kendinize dair imgenizi yavaş yavaş değersizleştiriyor mu? Onu mutlu etmeye çalışırken, kendinizi bir hiç olarak, işe yaramaz biri olarak mı görüyorsunuz? Başkaları, aileniz, çevreniz sizin kuşkularınızı ve kaygılarınızı anlamıyorlar ve eşinizi model bir eş ya da koca olarak görüyorlar mı? Kendinizi aşağılanmış mı hissediyorsunuz, partneriniz kimi zaman size bu aşağılanmadan yararlanıyor izlenimi mi veriyor? Hiç dostunuz yok mu ya da pek az mı var; sizi yavaş yavaş onlardan uzaklaştırdı mı? Evde ve dışarıda çok farklı mı davranıyor? Her eleştiriye karşı hırçın mı, sorgulanmayı, büyük ya da küçük hatalarını kabul etmeyi beceremiyor mu? Sizi her konuda ve bir hiç yüzünden sürekli suçluyor mu? Ne yaparsanız yapın onu memnun edemeyeceğiniz duygusu içinde misiniz? Bununla birlikte, giderek daha ender de olsa, zaman zaman yeniden nazik, kibar biri oluyor mu?

İlişkide manipülasyon ciddi bir sorundur. Bir manipülasyon ustası sözlerinizi ve davranışlarınızı incelikle eğip bükebilir, böylece yaptıklarınızın sizin eseriniz olduğunu düşünebilirsiniz.

İlişkide kadının ya da erkeğin diğerini zihinsel etki altına alarak duygusal baskı oluşturmasına ve hareketlerini kısıtlamasına manipülasyon denir. İlişkilerde masum yollarla karşınızdakinin algısını değiştirmeyi denediğiniz zamanlar olabilir ancak zararlı manipülasyonda manipülatör bir çıkar amacıyla mağdurun zaaflarından faydalanarak onu istismar eder, bunu gizli bir şekilde sürdürür ve nihayetinde mağdura zarar verir.

İngilizcede "gaslighting" denen bir manipülasyon ve taciz yöntemiyle manipülatör, karşısındakinin algısını yeniden biçimlemek için bilincine yanlış yargı ve olumsuz bilgileri sokar. İsmini ilk kez 1938'de sahnelenen bir tiyatro oyunundan alan bu manipülasyon tekniğinde amaç kişinin algılarıyla oynayarak zihniyle gerçek dünya arasında onu sıkıştırmak ve baskı altına almaya çalışmaktır.

Manipülasyonu yapan kişinin özelliklerine baktığımızda genelde benmerkezci, narsis ya da antisosyal kişiler olduğunu görürüz. Manipülasyona maruz kalanların ise onaylanma beklentisi duyan, hayır diyemeyen, sınır çizmeyen, özgüveni düşük ve dış denetime muhtaç kişiler olduğunu söyleyebiliriz.

Manipülasyonlar tamamen kontrol ile ilgilidir. Nerede yaşadığınızı, nerelerde vakit geçirdiğinizi, kimlerle görüştüğünüzü bir düşünün. Eylemlerinizi, rutininiz, beraberliğinizden itibaren yaptığınız seçimleri... Şimdi kendinize sorun hepsi partnerinizin seçimleri mi? Sadece onun hayatında mı yaşıyorsunuz? Yoksa kendi hayatınıza onu dahil etmenize izin veriyor mu?

Manipülatörün en sık kullandığı stratejiler yalan söyleme, duygu sömürüsü, kurban rolü oynama, aşağılama, provokasyon, duygusal şiddet, mahrum bırakma, suçluluk duygusu yaratma ve egoyu okşama şeklinde özetlenebilir.

Manipülatörün amacı her zaman kazanç peşinde koşmak olmayabilir. Bazen de ilişkide baskın rolü elde etmek, hâkimiyeti elde tutmak adına da buna yönelebilir. Yapmanız gereken şey, gidilecek yerlere, buluşulacak arkadaşlara birlikte karar vermek, programları beraber yapmaktır. Eğer ki sürekli partnerinizin istediği şekilde program yapıyorsanız siz atağa geçip planları siz yaparak onun ne tepki verdiğini gözlemlemeye çalışın.

Manipülatif insanların bir diğer özelliği sürekli sizin ona olan sevginizi kullanmalarıdır. "Beni gerçekten sevseydin o arabayı bana alırdın" ya da "Eğer beni gerçekten sevseydin bu konudaki fikrime karşı çıkmaz ve kabul ederdin" gibi. Ne kadar masum gözükürse gözüksün bu bir manipülasyon şeklidir.

Duygusal şantaj ise içlerinde en kötülerindedir. "Eğer beni terk edersen kendimi öldürürüm!" ya da "Sen olmazsan ben ölürüm!" cümleleri, sizi korku ve suçlulukla onun yanında tutabilme taktiğinden başka bir şey değildir. Peki bir manipülatörü nasıl tanıyabilirsiniz?

- İstekleri yerine gelmediğinde öfkelenir ve olay çıkartır.
- Aşırı fedakârca tutumlarla sizden istediğini almaya çalışır.
- Her zaman her şeyi tüm çıplaklığıyla görmenize izin vermez, gerçeği gölgeler.
- Gerçek kişiliğini saklar.

- Arkadaş ve sosyal çevresinde genelde düşük özgüvenli insanlar vardır.
- İyi bir gözlemcidir ve herkesin zayıf taraflarını bilir.
- Zarar verecek kadar acımasız olabilir.
- Kendine bağımlı insanlara değer verir.
- İkna kabiliyetleri gelişmiştir.
- İşine gelmeyen şeyleri görmezlikten gelir.
- Kelime oyunlarını sever.
- Mağdur ve kurban rolüne bürünür.

Psikolojik şiddet, yakın ilişkilerde fiziksel şiddetten çok daha sık rastlanan bir istismar türüdür. Aynı zamanda psikolojik taciz olarak da bilinir. Duygusal şiddetin birçok yolu vardır:

- Sözlü saldırılar ve hakaret
- Özgürlüğünüzün kısıtlanması
- Paranız, yemeğiniz, ulaşımınız, kısacası tüm harcamalarınızın kontrol altında tutulması
- İşe veya okula gitmenizin engellenmesi, hatta onsuz dışarı çıkmanızın dahi imkânsız hale gelmesi
- Sizi arkadaşlarınızla hatta ailenizle bile görüştürmek istememesi
- Hakaret, küçük düşürücü söz ve imalar, başkalarının yanında aşağılayıcı davranışlar ve suçlama
- Korkmuş ve tehdit altında hissetmenizi sağlamak
- Sizi izole etmeye çalışmak
- Kasten size zarar verecek şeyler yapmak (zorbalık)
- Aşırı kıskançlık ve kısıtlama

Hangi tip ilişki içinde olursanız olun duygusal şiddet herkes için zorlayıcıdır. Hatta manipülasyonla karıştığı zaman bunu fark etmeniz iyice zorlaşır.

Her ilişkinin çıkmazları, sorunları olacağı gerçeğini unutmamalıyız ancak zaman içinde kendinizi sıkışmışlık, çaresizlik, mutsuzluk, değersizlik duyguları içinde boğuşurken bulduysanız sıra dışı bir şeyle uğraşıyor olabilirsiniz. Korkutucu olan bunları normal bir ilişki problemi gibi benimsemiş olmanızdır. Ne yaşadığınızı tanımlamakta zorlanıyorsanız bir adım geri gidin ve hem kendinizi hem de partnerinizi gözden geçirin.

Duygusal şiddetin en önemli sonuçlarından birisi yapan tarafın diğer tarafı ağır bir suçluluk psikolojisi içine sokmasıdır. Zaten yaşananların içinden çıkılamamasının nedeni de budur. Neredeyse her şey için siz suçlusunuzdur. İlişkinizi korumak ya da onu kaybetmemek adına atacağınız her geri adım sizi köşeye sıkıştırır. Bunu gören diğeri ise ipleri eline aldığını anladığında her şey onun için mubah bir hale gelecektir.

Kendinize sorun:

- Bu davranışlar süreklilik arz ediyor mu?
- Karşınızdaki kişinin bu davranışları yapmasında bir çıkar, kötü niyet seziyor musunuz?
- Bunları sizi kontrol etmek için mi yapıyor?
- Herhangi bir ruhsal, psikolojik sorunu olabilir mi?
- Zararlı bağımlılıkları var mı?
- Yaşananlar sizde duygusal ve zihinsel karmaşa yaratıyor mu?
- Ne yapacağınızı bilemiyor musunuz?

- Kendinizi yeterince ifade edemiyor, bunun için gerekli uygun alanı yaratamıyor musunuz?

Bu sorulara vereceğiniz yanıtlarda evet çoğunluktaysa ve hâlâ içinden çıkamıyorsanız bir uzmandan destek alabilirsiniz.

Sevgilim Beni Kullanıyor mu?

İlişkide olduğunuz kişinin gerçek amacını çok geç fark edebilirsiniz. Sadece ihtiyaçlarını tatmin etmek için, para, seks, mevki, imkânlar, güzellik, yakışıklılık gibi özelliklerden sadece biri bile birileri tarafından tercih edilme nedeniniz olabilir. Ancak bunun farkına varmanız çok da zor değildir. Açıkça kullanılmanın işaretleri vardır ve duygularınızın aslında tek taraflı olduğunun acımasız gerçekliğiyle yüzleşebilirsiniz.

- Bir yılı aşkın süredir birlikteyseniz ve partneriniz hâlâ "Yavaştan alalım", "Ne güzel eğleniyoruz işte" gibi cümleler kurup size gelecekle ilgili herhangi bir güvence vermiyorsa muhtemelen kalıcı olmayan bir şeylerin peşinde. Gelecekle ilgili konuşmaktan kaçınan birinin hayatla ilgili bazı derin sorunları da olabilir ancak sizi alabileceği şeyler için kullanıyor olması da muhtemeldir. Geleceğinizle ilgili daha net yanıtlar duymak istediğinizi söylediğinizde tavrını izleyin. Makul açıklamalar duymak sizi rahatlatır, ancak sizi ciddiye almadığını belli eden tavırlar ve sözler ilişkinizin derinliği hakkında fikir verecektir.
- Cinsel birlikteliğiniz varsa ve bu konuda bencilce davranıyorsa, karşılıklı olarak tatmin edici bir cinsel deneyime

sahip olmak yerine, yaşadığınız şeylerden sonra sizden uzaklaşıyorsa sizi bu konuda kullanıyor olması muhtemeldir. Sağlıklı ilişkilerde, her iki tarafın da istekleri değerlendirilmelidir. Yatak odasında bencil olan bir partner diğer alanlarda da size muhtemelen bencil davranacaktır.

• Partnerinizin en iyi arkadaşı kim? Eğer onlarla yolda karşılaştığınızda yüzlerini dahi hatırlamayacak kadar tanıyorsanız muhtemelen ya onlarla hiç tanışmadınız ya da çok az vakit geçirdiniz. Partneriniz sizi kendi hayatının sınırlarına çok fazla sokmak istemiyorsa, muhtemelen sizin hakkınızda ne kadar az bilgiye sahip olurlarsa, onun için o kadar kolay olacağını düşünüyordur.

• Gerçek bir ilişki içinde olanlar birbirleri için iyilik yaparlar. Çiftlerin ihtiyaç duyduklarında birbirlerine yardım etmeleri gereklidir. Ancak, sizin bir şeye ihtiyacınız olduğunda partneriniz asla sizin yanınızda değilse bu büyük bir problemdir. Sağlıklı bir ilişkide olması gerektiği gibi size değer veren ve sizi önemseyen biri zor zamanlarınızda da yanınızda olmalıdır.

• Partneriniz, açık alanlarda sizinle öpüşmek, el ele tutuşmak veya size sarılmak istemiyorsa bu dışarıda sizinle duygusal bir yakınlık kurmak istemediğini gösterir. Bunun çeşitli sebepleri olabilir. Ama genellikle sizi birlikte görmesini istemediği insanlar olabileceğine işarettir.

• Partneriniz buluşmak için özellikle gece saatlerini mi tercih ediyor? Veya sadece kendi istediği ve müsait olduğu zamanlarda mı sizi bir yerlere davet ediyor? Eğer durum böyleyse, yapacak daha iyi bir şey bulamadığında, işi düştüğünde ya da canı cinsel birliktelik yaşamak istediğinde sizi arıyor olabilir.

Açık İlişki Nedir?

Açık ilişki karşılıklı olarak karar verilmiş ve rızaya dayalı tekeşli olmama durumu olarak özetlenebilir. Diğer insanlarla da cinsel ve duygusal yakınlık kurulabilecek bir özgürlük alanını her iki taraf da kabul etmiştir. Açık ilişki özellikle geleneksel aile yapısını benimsemiş kişilerce onaylanmaz ancak bazıları da geleneksel şablonların dışında daha özgür bir ilişki anlayışını benimseyebilirler. Onlar tabulara bağlı kalmayan ve belli şablonlara hapsolmak istemeyenlerdir.

Açık ilişkide, ilişkinin sınırları konuşarak ya da konuşmayarak ilişki içinde kendiliğinden belirlenir. Bazen "Bu şekilde davranmanı istemiyorum" diyerek direkt ifadelerle bazen de konuşma gereği bile duymadan beklentiler karşı tarafa aktarılır. Kurallar baştan bellidir. Eğer her iki taraf da buna açıksa cinsel ve duygusal olarak başkalarıyla da bağ kurmakta özgürdürler.

Daha özgürlükçü ve bireysel olma isteği yadırganmamalıdır. Eğer karşınızda açık ilişki yaşamak istediğini söyleyen biri varsa beklentisinin temelinde ne olduğunu anlamaya çalışın ancak elbette en önemli olan şeyi kendinize sorun: Siz açık ilişkiye uygun birisi misiniz?

Herhangi bir kural ya da toplumsal zorunluluk taşımayan, kendine has bir doğası olan, her iki tarafın da beklentilerini esas alan açık yaşanan birliktelikler size mutlu edebilir. Ancak ilişkide bağlılığı esas alan, tekeşliliğe inanan, sevginizi de mutsuzluğunuzu da sadece sevdiğiniz insanla paylaşmayı tercih eden biri iseniz muhtemelen açık ilişkide olmak sizin için zorlayıcı ve hatta yaralayıcı olacaktır.

Özgüven problemi yaşamadan, mutsuz olmadan, anlayışla her şeyi kabul ederek ve sınırlara takılmadan kendiniz bırakabilmeye gönüllü olarak teslim olmanız gerekir.

Bu özgürlük alanı açık ilişkilerde sorun olmayacağı anlamına da gelmez. Her ilişkide olduğu gibi açık ilişkinin de virajları, uçurumları, engebeli yolları vardır.

Başta kuralların belli olması duygu ve düşüncelerinizin değişmeyeceğini göstermez. Ona karşı daha yoğun hislere kapıldığınızda bir başkasıyla mutlu vakit geçirdiğini bilmek ve görmek size acı verecektir.

Çokeşlilik sağlığınız açısından pek çok risk barındırır. Cinsel yolla bulaşan pek çok hastalık bu yolla bulaşır. Bu nedenle korunma yöntemleri tekeşlilikten daha da önemli hale gelir.

Eğer bir açık ilişki yaşamaya gönüllüyseniz:

- Sınırlarınızı baştan çizin. İstemediğiniz halde "mış" gibi yapmak sadece size zarar verir.
- Beklentilerinizi belirleyin. Eğer ilişkiden beklentiniz açık ilişkilerin doğasına uymuyorsa üzüleceksiniz demektir. Bu ilişkiyi neden istiyorsunuz bir liste yapın.
- İki tarafın da buna açık olduğu kesin mi? Elbette oyunun kuralları oyun içinde değişebilir ama en baştan anlaşma sağlamakta fayda vardır.
- Her zaman açık iletişim kurun ve net olun.
- Sınırlarınızı koruyun. Açık ilişki demek sınırların olmaması demek değildir. Hayırlarınız her zaman cebinizde olsun. Baştan belirlenmiş sınırların ihlali olduğunda bunların

altını çizin. Örneğin kıskançlık, hesap sorma, yasaklama gibi davranışlar gördüğünüzde ilişkinizin sınırlarına saygı gösterme talebinizi ifade edin.

Neden Bana Hiç Hediye veya Çiçek Almıyor?

Hediye almak değerli hissettirir. Özellikle kadınlar hediye almayı sevgi göstergesi olarak görürler. Ancak bazı erkekler hediye almak konusunda pek de hevesli sayılmazlar. Hatta bunu bir zorunluluk ya da görev olarak gördüklerinden özel bir direnç bile geliştirebilirler.

Hayatınızdaki kişinin size hediye almaması sizi önemsemediği anlamına gelmez. Onlar için hediye bir şey ifade etmiyor olabilir. Birkaç gün içinde solup gidecek bir buket çiçeğin sizde nasıl bir duygu uyandıracağından bihaber olabilirler. Basit bir yolla sizi mutlu edeceklerinden aslında habersizdirler.

Eğer sevgilinizin ya da hayat arkadaşınızın bu konuda özensiz ya da anlayışsız olduğunu düşünüyorsanız kendinizi ifade etmeye çalışın. Kendince zaten size olan sevgisini belli ettiğini düşünüyor olabilir. Bu beklentinin içinde olmak kabahatli bir durum değil, kendinizi bu şekilde daha özel ve değerli hissedeceğinizin bilincinde olursa büyük ihtimalle davranışlarını değiştirecektir.

Beklentinizi ifade ederken bunu bir görev haline getirmesini istemeyin. Erkekler kendilerine direktif verilmesinden hoşlanmazlar, sadece yolu gösterin ve yapmasını bekleyin.

Önceki ilişkilerden öğrenilenler ya da ailede görülenler nedeniyle sevgi gösterme biçimimizde farklılıklar ya da eksikler olabilir. Bunları ancak başkaları söylediğinde fark edebiliriz.

Hayatta edindiğimiz bazı davranışları yadırgamadan ve sorgulamadan yaparız ve bunlar bizim normalimizdir. Ancak bizim için normal olan şeyler başkaları için de normal olacak diye bir kural yoktur. İlişkide değişime açık olmak, beklentileri eğer seviyorsak ve istiyorsak gerçekleştirmek için kendimize de izin vermemiz gerekir.

İnsan taklit eden bir canlıdır. Çocukluğumuzdan itibaren her şeyi izleyerek ve taklit ederek yaparız. Direkt konuşmalardan hoşlanmayan birine laf anlatmak bazen zordur. Bu gibi durumlarda yapmasını söylemeyi değil bu davranışı siz yapmayı seçin. Örneğin ona siz hediye alın. Hatta bunun için özel bir gün olmasını da beklemeyin. Sıradan bir günde onu şaşırtacak bir şeyle çıkın karşısına. Bu davranışı yinelediğinizde kendisi de size mutlu etmek adına adım atacaktır.

Eğer hayatınızdaki kişi maddi bir sıkıntı çekiyorsa ondan sürekli bir şeyler talep etmek onun gözünde sizi şımarık yapar. Bu gibi zamanlarda beklentilerinizi biraz daha düşürün, pahalı şeyler yerine basit bir şeyin bile size mutlu etmeye yeteceğini bir şekilde gösterin.

İkinci Bölüm

İlişkilerin Sonu ve Ayrılıklar

"Bu her zaman böyledir, ayrılık vakti gelene kadar bilmez sevgi kendi derinliğini."

– Halil Cibran

Ayrılık Çanlarının Çaldığını Nasıl Anlarım?

Hiçbir ilişki bir gün bitecek düşüncesiyle başlamaz, aksine her yeni insanda sanki bir peri masalını yeni baştan yazmak isteriz. Bu sefer karşımıza çıkan insan doğru insandır. Mutlu sona erişenlerimiz de vardır, onlar birlikteliklerini sevgi, saygı ve anlayışla taçlandırıp onurlandırırlar. Ancak bazılarımız için yine hayal kırıklıkları kapıdadır. Aranan mutluluk yine başka bahara kalmıştır...

Ayrılık psikolojisi hem duygusal hem de fiziksel bir süreçtir ve neredeyse ölümle eşdeğer bir acı duymanıza bile neden olabilir. Mutlu günlerin yok olması, bir daha onu göremeyecek olmak, alışkanlıklar ve var olan düzenin değişmesi depresyona neden olabilir.

Bir ilişkinin sona ermeye başladığını anlatan bazı işaretler vardır. Çoğu kişi bu sinyalleri göremez ve ilişki aniden bittiği zaman neye uğradığını şaşırır.

• İlişkinizin geleceği hakkında artık konuşmuyor olmak karşınızdaki kişinin ilişkiye dair umudunun kalmadığının göstergesi olabilir. Örneğin, iki yıldır birliktesiniz ama sevgiliniz sizinle evlilik konusunda konuşmuyor ve bu tarz konulardan olabildiğince kaçıyor. Düzgün bir şekilde iletişim kurmakta zorlanıyor mu yoksa sizinle bir gelecek görmediği için mi bu konuları konuşmuyor bunu görmeniz gerekir.

• Tutku, sizi bir çift olarak bir araya getirir ancak bu azaldığında geriye ne kalır? Birlikteliğinizi sağlam bir bağ ile sağlam bir temelde oluşturmadıysanız zamanla bu tutku azaldığında geriye pek bir şey kalmayabilir. Sağlıklı bir ilişkide tutku ve yüksek duygular zamanla yerini sevgi, şefkat, bağlılık gibi daha derin ve kalıcı şeylere bırakır. Tutku bittiğinde sizi hâlâ bir arada tutacak bir şey yoksa ilişkinizin uzun soluklu olmayacağı aşikârdır.

• İyi giden bir ilişkide çiftler birbirlerine her zaman dürüst ve açıktırlar. Eğer partnerinizin sizden bir şeyler sakladığını düşünüyorsanız bu büyük bir sorundur.

• Kavga etmediğiniz için mutlu, stressiz bir ilişki yaşadığınıza inanıyor olabilirsiniz. Ancak fark etmediğiniz şey, kavganın da bir iletişim şekli olduğudur. Eskisi gibi kavga etmeyen, sorunlarını çözmekten ziyade susmayı tercih eden çiftler ayrılık çanlarının çaldığını duymuyor olabilirler.

• Benzer şeyler yapmaktan hoşlanan çiftler ideal olarak gösterilir ve mutlu yaşadıkları düşünülür değil mi? İki insanın aynı şeyleri sevmesi dışarıdan herkesin hayranlıkla baktığı ve bir ilişkide olması gereken bir durummuş gibi gelir. Ama bu durum her zaman iyi bir şey değildir. Aynı şeyleri seviyor ve hep birlikte yapıyorsanız ve ayrı alanlarda kişisel ilginiz yoksa bu sorunlu bir durum olabilir. Kendilerine zaman ayırmayan çiftler genellikle ileride büyük problemler yaşar. Kendi ilgi alanlarınız muhakkak vardır. Eğer kendi kişiliğinizin evrimleşmesine izin vermezseniz bu ilişki bir bağımlılığa dönüşür ve bu durum sağlıklı değildir.

• Partneriniz, küçük bir sorunu bile büyüttüğünüzü düşünüyor ya da hislerinizi küçümseyecek şekilde mi davranıyor? Bunun sebebi muhtemelen artık onun eskisi kadar sizinle empati yapamıyor oluşudur. Empati yapmak aynı zamanda çiftler arası güçlü bir bağdır, empati kurmamaya başlamak o ilişkinin bağlılığının azaldığının bir göstergesidir.

• Bir program yaparken veya bir yere giderken genellikle kimin istedikleri oluyor? Önceden birlikte planladığınız her şeyi artık yapmak, sizin yaptığınız programlara uymak istemiyorsa ve bu konuda sürekli sizi reddediyorsa bu artık sizin fikrinize değer vermediğini gösterir. Bu da birbirinizle olan bağınıza zarar verebilir.

• Bir tartışmadan sonra genellikle ilk kim özür diler? Eğer haklı olan sizseniz bile özür dileyen taraf o değilse, bu onun sizinle barışmak için çok fazla çabalamadığı anlamına gelir. Sağlıklı bir ilişkide eğer ki hatalı taraf sizseniz özür dilemek çok önemlidir. Ama sadece uzlaşmak ve onu kaybetmemek adına hatalı olmadığınız halde özür dilemeniz kendinizi uzlaşmak için feda etmekten başka bir şey değildir. Sizce karşı taraf bu kadar fedakârlığı hak ediyor mu?

• Randevularınız için dışarı çıkmak sizde zorunluluk hissi yaratıyorsa bu da ilişkinin bitmeye yakın evresinde olduğunun göstergesi olabilir. Çiftler birbirleriyle olmak için genellikle ekstradan çaba sarf ederler. Ancak bu bir alışkanlığa hatta zorunluluğa dönüşmüşse, buluşmalara giderken eski enerjiniz ve coşkunuz kalmadıysa bu ilişkinizin eski heyecanının kalmadığının bir göstergesidir.

Unutmayın, pek çok insanın farkına varmadığı, sağlıksız bir ilişkinin birçok işareti vardır. Ancak karşılıklı olarak sorunlarınızı birbirinizle tartışır ve onları çözme yolunda istekli olursanız ilişkinizi kurtarma şansınız her zaman vardır.

Ona Ayrılmak İstediğimi Nasıl Söylerim?

Ayrılık zor bir süreçtir. İster duyan taraf ister karar veren taraf olsun herkes için yıpratıcıdır. Özellikle bunu istemeyen bir taraf için ise yıkıcıdır. Ve çoğu kez de ayrılma isteği duyan kişi bu yıkıntıyı görmemek adına bunu söylemekten kaçınır ancak bu işleri daha da karmaşık hale getirir.

Eğer ilişkinizin sona erdiğinden eminseniz yapılacak doğru şey nasıl ayrılmanız gerektiğidir.

• ***Açık olun.***

İnsanlar, kendi görüşlerine, değerlerine uymadığında veya eskisi gibi tutkuları ve sevgileri kalmadığında birinden ayrılmak ister. Ayrılmak istediğinizi karşı tarafa söylerken artık neden bu ilişki içerisinde olmak istemediğinizi ve neden böyle hissettiğinizi açık açık söyleyin.

- ***Aklınızı kurcalayan anılarınızı bir tarafa bırakın.***

Bulunduğunuz ve daha önce yaşadığınız güzel anlara odaklanmaya devam ederseniz ayrılık gittikçe zorlaşır. Eğer ki eşinizden veya sevgilinizden ayrılmayı kafanıza net bir şekilde koyduysanız anılarınızı düşünmeyi kendinize yasaklayın. İlişkinizi bitirmek istediğiniz nedenlere odaklanın. Örneğin şiddet mi görüyorsunuz, kendinizi bu ilişkide değerli hissetmiyor musunuz? Bu kararı nasıl aldığınızı, şimdiki hislerinizi kendinize hatırlatın. Geçmişin illüzyonuna kapılmaktan kaçının. Şimdiki zamanda sizi zorlayan duruma odaklanın.

- ***Nazik ama katı olun.***

Ayrılmak, sadece geride kalan için değil, ayrılan için de çok acı verici olabilir. Konuşmaya başlamadan önce kibar ve saygılı olun. Ancak konuşma esnasında kendinizi ondan uzak tutun ve kararınız konusunda katı olun. Çünkü tamamen net bir şekilde kendinizi ifade edemezseniz, partneriniz karışık sinyaller alabilir ve ayrılmak daha da zorlaşabilir. Onu ikilemde ve acabalar içinde bırakmayın. Aksi durumda çok daha üzülecek ve beklenti içinde olacaktır.

- ***Yüz yüze ayrılmayı tercih edin.***

Uzun süreli bir ilişki noktalanırken bunu karşı tarafa söylemenin en etkili ve doğru yolu, hislerinizi onun yüzüne söylemektir. Mesajla ya da telefonla ayrılma kararı bildirmek hem çok yanlış hem de karşı tarafı ikna eden bir eylem olmayacaktır. Onu bir akşam yemeğine ya da bir kahve içmeye davet ederek onunla önemli bir konuda konuşmak istediğinizi söyleyin. Ayrılık konuşmaları sonrasında genelde bunu duyan taraf "Her şey yalan mıydı?" sorusunu sorar kendine. İyisiyle kötüsüyle her şeyin yaşanması gerektiği gibi olduğunu anlatın. Ona duyduğunuz sevginin gerçek olduğunu, o zaman hissettiğiniz en ufak duygunuzda bile şüphenizin olmadığını ifade edin. Bu durum onun resmi daha net anlamasını sağlayacaktır.

- ***Geleceğe bakın.***

Ayrıldıktan sonra, ilişkide sizi yoran taraflara değil artık sahip olduklarınıza odaklanın. Sizi mutlu edecek hislerin yoğunluğuna odaklanmaya çalışın. Unutmayın, yarının deneyimleri her zaman bugün düşündüğünüz düşüncelerden yaratılır.

- ***Bir süre görüşmeyin.***

Özellikle ayrılan taraflardan birisi duygusal olarak daha yoğunsa araya mesafe koymak çok daha sağlıklıdır. Çünkü ayrıldıktan sonra arkadaşlık adı altında devam eden iletişim zorlayıcı ve acı verici olabilir. Bir süre görmemek, sosyal medyadan stalklamamak, ortak gidilen yerlerden uzak durmak ayrılık sürecinin daha kolay atlatılmasına yardımcı olur.

Bir Anda Çekip Gitti, Neden?

Terk edilmek, hele ki seviyorken inciticidir. Nedenini anlamadığınız bir şekilde biten ilişkilerse daha zorlu travmatik sonuçlar yaratır. Neden gitti, neyi yanlış yaptım, bir eksiklik mi vardı gibi sorularla kendinizi sorgulamaya ve suçlamaya başlarsınız. Israr ettiğiniz halde bu sorulara yanıt alamamaksa sizi kendi gözünüzde iyice değersiz yapar ve duygusal olarak çökmüş hissedersiniz.

Çiftlerden biri ilişkiyi bitirme kararı aldığında karşısındaki kişiye bunun nedenini açıklamalı ve kafasında bir soru işareti bırakmaya izin vermemelidir. Bitirme kararını uygulamanın en önemli aşaması bu kararın yüz yüze ve şeffaf bir şekilde yapılmasıdır. Eğer ki size sadece mesajla ya da telefonla bu kararını bildirdiyse bunu sizin yüzünüze söylemekten çekinmiş olması muhtemeldir. Tabii ilişkinize ve size gerekli değeri ve özeni göstermemiş olması da muhtemeldir.

Ani biten bir ilişkinin ardından kendinizi sorgulamanız olağan bir durumdur ancak bunu fazla abarttığınızda konunun odak merkezini kaybetmiş olursunuz. Yaşadığınız öfke, pişmanlık, suçluluk, mutsuzluk gibi duyguları bir kenara bırakın ve bu sonuca giden yolu incelikle takip ederek sağlıklı bir okuma yapmaya çalışın:

- Hiçbir şey bir anda gelişmez. Eğer bir ilişki bir anda bittiyse bundan biraz geriye gittiğinizde bazı olası işaretler yakalamanız muhtemeldir. Sevgiliniz terk etmeden önce size nasıl davranıyordu? Ona duyduğunuz yoğun duygular nedeniyle yaşadığınız bir çeşit körlükten dolayı bazı şeyleri çıplak olarak görememiş olabilir misiniz? Genelde ani ayrılıklardan önce bunun sinyalleri verilmeye başlanır. Telefonlara hemen yanıt vermemek, mesajları geç yanıtlamak, eskisi kadar sık görüşmemek, basit nedenlerden bile gereksiz tartışmaların olması gibi...

- Son zamanlarda kendiyle ilgili karmaşık bir tablo çiziyor muydu? Örneğin "Biraz kendimi dinlemem lazım, benden daha iyilerine layıksın, bu aralar biraz karışığım" gibi ifadeler aslında sizi bir anlamda bu ayrılığa hazırlamak maksatlı söylenmiş "gerçek" sözler olabilir. Tüm bunlara rağmen sanki her şey yolundaymış gibi davranmaya devam etmesi ve bir anda ayrılık kararı alması sizin kendisinden kaynaklanan bir sorun varmış gibi hissetmenizi sağlamak için olabilir. Bu elbette samimi bir yol değildir ancak herkesin açık yüreklilikle itiraflarda bulunmasını beklemek mümkün değil... Genellikle bu gibi cümleler kuran biri, ilişkinizin gerçekten neden bittiğini maskelemek için bu cümleleri bir paravan olarak kullanabilir. Böyle bir durumla karşı karşıya kaldığınızda partnerinizin bu konuda ne kadar samimi olduğuna odaklanın.

- İlişkilerde en yaygın bitirme nedeni genellikle tutkunun bitmesidir. İlişkiler genellikle çok yoğun duygularla başlar ama zamanla kademe kademe bu yoğunluk azalır. İlişkilerin uzun soluklu olmasında tutku ve aşk yeterli değildir. Sağlam olmayan ilişkilerde, aşk ve tutku zayıfladığında ilişkiler bitebilir. Eğer nedeni buysa bunu kişisel bir neden olarak almayın. Bu duyguları bir daha yaşayacağınızı hatta sizi derinden seven biriyle çok daha mutlu bir ilişki yaşayabileceğiniz gerçeğini unutmayın.

- İlişkilerde aniden terk edilmenin en önemli nedenlerinden biri de başka birinin varlığıdır. Acı vericidir ancak bu ihtimal en azından ilişkinize saygı gösterdiğinin de bir ifadesi olabilir. Ayrılıklar zordur ancak sadakatsizlik ve aldatılma çok daha ağır travmatik sonuçlar yaratır. Böyle bir durumda sizi karmaşık bir durumun içinde bırakmamak adına yolunuzdan çekilmesi çok daha sağlıklıdır. Partneriniz size olan duygularını kaybettiyse ya da başka birine karşı bir şeyler hissetmeye başladıysa bunu ilişkiniz devam ederken yapmasının size verebileceği zarar çok daha büyüktür. Genellikle kişiler partnerlerinden ayrılmaya cesaret gösteremediği için bu gibi durumlarla karşı karşıya kalınır ve bu durumların telafisi çok daha zor olabilir.

İlişkiler de bitkiler ve canlılar gibi sürekli can suyuna ve büyümeye ihtiyaç duyarlar. Bu büyüme ve gelişme için iki kişinin gönülden rızası olması çok önemlidir. Terk edilme sebebiniz her ne olursa olsun ya da size her ne kadar acı verirse versin bitmeye mahkûm olan bir ilişki er ya da geç bitecektir. Burada size düşen biten bir ilişkiyi ardınızda bırakarak önünüze bakmak ve sizin için gelecek olan güzelliklerin farkına varmaktır.

Severken Terk Etmek Diye Bir Şey Var mı?

Hayatınızda biri varken hâlâ onun doğru kişi olup olmadığını sorguladığınız oluyor mu? Üstelik epey zamandır da birliktesiniz ve aslında onu çok iyi tanıyorsunuz, sizi üzecek, huzursuz edecek en ufak bir davranışı da yok... Ama içinizde bir şeyler dolanıp duruyor ve sizi bir tür kararsızlığa sürüklüyor. Zihninize dolan şeylerin nedenini bulmaya çalışıyorsunuz.

Aşkın gözü kördür lafı her ne kadar kulağa klişe gibi gelse de aslında âşık olduğumuz zaman o kadar kör oluruz ki, birlikte olduğumuz kişinin olumsuz taraflarını nadiren görürüz. Âşık olduğumuzda sadece en iyiyi görmeyi ve rahatsız olduğumuz şeyleri görmezden gelmeyi tercih ederiz. Ancak zamanla pembe bulutlar çekildiğinde karşılaştığınız imajın sizi eskisi kadar da büyülemediğini fark edersiniz. İlk zamanlarda birbiriniz için yaratıldığınız ve her zaman birbirinizi seveceğiniz, her zaman birlikte olacağınız düşünceleri yerini başka şeylere bırakır.

Birini terk etmek için sadece kötü bir neden yeterli olabilir ancak devam etmek için birden fazla iyi nedene ihtiyaç duyarsınız.

Yoğun ya da kalıcı fark etmez bazen ilişkilerde kendiliğinden gelişen bir kan uyuşmazlığından söz edebiliriz. Zaman içinde zihninizde idealize ettiğinizden farklı bir gerçeklikle yüzleşmek ya da yol ayrımında beklentilerin farklılaşması buna sebep olabilir. Bu gibi durumlarda ayrılık kararı almak çok daha zordur çünkü gerçekten karşınızdaki kişi bunu hiç hak etmeyecek biridir. Onu üzmek, kırmak istemezsiniz. Belki de bu kişi sizsiniz ve terk edildiniz.

Eğer ayrılmak isteyen sizseniz bu gibi durumlarda beklentinizi dürüst bir şekilde açıklamak en samimi yoldur. Diğer türlü yüzünüzde sahte bir maskeyle dolaşmak hem sizi yoracaktır hem de bu hayatınızdaki insan için hoş olmayacaktır.

İnsanlarla olan ilişkileriniz, onlara verdiğiniz önem doğrultusunda şekillenir. İlişkilerin durumu, hissetme şeklinizi ve yaşama bakış açınızı büyük ölçüde etkiler. Eğer terk edilen taraftaysanız bu insanın sizi gerçekten sevip sevmediğini anlamak için, geriye dönüp onun davranışlarına ve yaptıklarına bakın. Seni seviyorum demek kolaydır ama asıl önemli olan davranışlarla bunu desteklemektir. Ona baktığınız zaman ne görüyorsunuz? Size sormadan ortak geleceğinizle ilgili açıklama ve planlar yaptı mı? Sevgisinden şüphelendiğiniz bir an oldu mu? Zaman zaman bile olsa bencil miydi? Bu soruların bazılarına veya tümüne cevabınız evet ise büyük olasılıkla sizi gerçekten sevmedi.

Diğer bir olasılık da sizi sevdiğini düşünüyordu ancak kendi duygularıyla o kadar meşguldü ki, sizi sevmekle size delicesine âşık olmak arasındaki farkı göremiyordu. Bazen uzun süreli, kötü ve zehirli bir ilişkiden yeni çıkmış biri çok hızlı bir şekilde başka bir ilişkiye başlama eğiliminde olabilir. Siz bu kişinin size âşık olduğunu düşünürken o ise kendini daha iyi hissetmek amacıyla sizi yara bandı olarak kullanabilir.

Başka bir ihtimal de, kendi içinde kırılmış birine âşık olmanız olabilir. Sizi seviyor olsa bile kendi içinde kırgınlıkları ve kızgınlıkları olan biri bir süre sonra kendi sorunlarını size olan sevgisinden daha üstün tutabilir. Bazı insanlar sürekli zehirli ve sorunlu bir ilişki içinde olmak isterler ve bundan haz alırlar. Buna bilinçaltındaki bazı yanlış inançlar neden olur. Sevmenin ve sevilmenin acı çekmekle eşdeğer olduğuna dair bu yanlış kök inançlar yüzünden kendilerini hak etmeyecek kişileri hayatlarına çekebilirler. Ne yazık ki bu durumda kurban olursunuz.

Sevdiğiniz birinin sizi terk etmesi ne kadar acı verici olursa olsun, kendinizi sevmeyi öğrendikten sonra, sizi sadece siz olduğunuz için sevecek birini hayatınıza çekeceksiniz. Kimse sevilmediğini düşündüğü ya da acabalar yaşadığı bir ilişki içerisinde olmayı hak etmez. Sizi seven bir insan eğer ki ortada yanlış, affedilemeyecek bir hata olmadığı sürece yanınızda kalmayı tercih edecektir.

Ayrıldıktan Sonra Hayata Nasıl Devam Etmeliyim?

Filmlerde, dizilerde çokça şahit olduğumuz iki sahne vardır:

1. Sahne: *Ayrılık sonrası kadın.*

Genelde ayrıldıktan sonra eve kapanmış, pijama terlik moduna girmiş, ağlayan, kendini yemek yemeye vermiş, battaniyenin altından çıkmayan ve arkadaşları tarafından teselli edilen bir kadın profili. Zamanla dış dünyaya açılan, nihayetinde gücünü topladığı ilk anda saçlarında ya da fiziksel görünümünde büyük bir değişiklik yapan, bir süre ertelediği sosyalleşme gündemini tekrar başlatan en sonunda da yeni birine fırsat verme cesaretini kendinde bulan kadınlar...

2. Sahne: *Ayrılık sonrası erkek.*

Ayrıldıktan sonra yeniden özgürlüğünü kazanmanın verdiği mutlulukla hızlı bir yaşama doğru açılan, mutlu ve keyifli süren çapkınlık turlarının ardından yavaşlayan ve bir süre sonra mutsuzluğa kapılan ve eski günleri özleyen erkekler...

Bu klişe iki sahneye pek çoğumuz aşinayız. Hatta benzer deneyimlerden bile geçmiş olabilirsiniz. Aslında bilimsel olarak da kadının ve erkeğin ayrılığa verdiği reaksiyonlar aşağı yukarı bu şekilde.

Aslında ayrılıklarda klişe laftır "Kalbim kırıldı!" demek. Oysa kırılan beynimizdir ve erkekle kadınlar farklı beyin yapılarına sahip olduklarından bu süreci de farklı yaşarlar. Çok hoşuma giden bir benzetmeden bahsetmek istiyorum. Kadınların ayrılık süreci paraşütle atlamaya, erkeklerinki ise trambolinde zıplamaya benzer. Kadınlar ayrılıktan sonra serbest düşüşe geçerler ve açılan paraşütle indiklerinde her şey onlar için geride kalmıştır. Erkekler de ayrılıktan sonra eğlenceli bir zıplama halinde yukarı doğru hareket ederler, ancak fizik kuralları gereği yere indiklerinde üzüntü ve pişmanlıkla dolarlar.

İlişki içindeyken insan beyni bir çeşit ödül dengesine alışır. Haz almak beklenti doğurur, hazzı karşılandığında tatmin olur, bu döngü bu şekilde sürüp gider. İlişki bittikten sonraysa beyninizin ödül mekanizmasının normale dönmesi zaman alır. Mutlu anlar, romantik paylaşımlar ortadan yok olduğunda beyniniz ödülünü kaybetmiş olur. Çekilen acı aslında bunun yoksunluğudur. Ayrılık sonrası, beyin sanki hâlâ ilişki devam ediyor gibi, ödül mekanizmasını işletmeye devam eder. Yeterli tepkiyi alamadığı zaman, aktivasyon düzeyini artırarak tepki verir.

Beynin ödül sisteminden gelen bu talep, ayrılmanın ardından dürtüsel ya da saçma şeyler yapmanıza neden olur. Eski sevgilinize yazdığınız ayrılık mesajları ya da umutsuz yalvarışlar, aslında içinizde meydana gelen kimyasal fırtınaların dışa vurulmuş halidir.

Ayrılık aşaması her insan için acı verici bir süreçtir. İlişkilerin doğasında birlikte olmak kadar ayrılmak var ve hatta şairin de dediği gibi: *"Ayrılık sevdaya dahil."* Eğer yolunda gitmeyen bir ilişkinizi bitirdiyseniz ve yolunuza nasıl devam edeceğinizi bilmiyorsanız öncelikle bunun şu aşamada çok normal bir süreç olduğunu kabullenin. Panik yapacak bir şey yok.

Özellikle uzun ilişkilerden sonra ne yapacağınızı bilememeniz normal. Onca zaman sonra basit bir sabah rutininizin yokluğu dahi duygusal dalgalanmalar ve boşluk hisleri yaratır. Bir de üstüne istemediğiniz bir ayrılığın getirdiği depresyon varsa toparlanmanız için etkili bir eylem planına ihtiyacınız var demektir.

- İlişkiler sizi beslemek ve büyütmek içindir, kendi benliğinizle dahil olduğunuz bir süreçtir. İlişkiniz bittikten sonra geriye kalanlarda sadece mutsuzluk ve olumsuz duygular aramayın. Siz neredesiniz? Kim olduğunuzu hatırlayın, ilişkiniz olsun olmasın hâlâ sahip olduğunuz değerleri, başarılarınızı, mücadele ile edindiklerinizi anımsayın. Bunları anımsamak sizin sadece ilişkinizden var olduğunuz yanılsamasını ortadan kaldıracaktır.

- İlk başlarda onsuz bir şeyler yapmak size zor gelebilir. Hatta tek başınızayken neler yaptığınızı hatırlamakta zorlanabilirsiniz bile. Kendinize eskiden neler yaptığınızı sorun. Ne yaparak eğlenirdiniz? Dışarı çıkarak mı, arkadaşlarınızla vakit geçirerek mi? Belki de sadece yalnız evde olmaktan keyif alacaksınız. Bu sorulara verdiğiniz cevaplar uzun zamandır içinizde saklı kalan tutkular ve hobilerin kilidini açabilir. Ayrıca kendinize bir şeyleri denemek için izin verin. Bunlar uzun zamandır aklınızda olan ama bir türlü zaman ayıramadığınız hobiler de olabilir, yeni bir şeyler keşfetmek için bulacağınız ve yapmaktan zevk alacağınız şeyler de... Yeni şeyler denemek için rutininizden çıkıp sosyal olmak, hayatınızı kontrol altına alıyormuş gibi hissetmenin en iyi yoludur. Bu muhtemelen yolculuğunuzun en korkutucu kısmı gibi gözükse de aynı zamanda sizin için büyük bir ödül de olabilir. Korkularınızın üzerine gidin. Denemeden bilemezsiniz.

- Doğanın kanunudur: "Evren boşlukları sevmez!" Hemen aklınıza yeni bir ilişki gelmesin. Elbette buna ihtiyaç duyuyor olabilirsiniz ancak uzun ilişkiler sonrasındaki beraberlikler sizin adınıza olmasa da hayatınıza giren insan için hayal kırıklığına neden olabilir. Duygusal olarak dengeye gelmeden yeni bir ilişkiye başlamayın çünkü beklentilerinizin ne olduğunu sağlıklı bir şekilde tespit edemeyebilirsiniz. Ancak birileriyle vakit geçirmek istediğinizde de açık olmak iyi bir fikir olabilir. Peki yaşamınızdaki boşluğu sadece insanlar mı doldurur? Elbette hayır. Başlamak istediğiniz ama bir türlü vakit bulamadıklarınızı hayata geçirmek için mükemmel bir fırsat. Üstelik bir şeyleri başarma duygusu ve tatmini size de çok iyi gelecek. Sadece spor, egzersiz veya düzenli beslenme hedefleri değil aynı zamanda daha büyük yaşam hedeflerinize doğru ilerlemek için de geçerli. Büyük bir yaşam değişikliği, kariyerinizin bir sonraki adımlarını planlamak, her zaman merak ettiğiniz eğitimlere katılmak, kitap yazmak, seyahate çıkmak ya da yeni şeyler öğrenmek, keşfetmek için çok değerli bir anın eşiğindesiniz. Eğer "Hayatımda o olmasa bunları yapardım" diye düşündüğünüz şeyler varsa bu hedeflerinizin peşinden gitmenizin tam sırası. Özetle birlikteyken ertelediğiniz ne varsa el atın ve bunu başarmanın keyfini çıkarın.

• Yalnız olmadığınızı hatırlayın. Hayatınızdaki kişiyle yollarınızın ayrılması sizin tek başınıza kaldığınız anlamına gelmez. Hâlâ sevdikleriniz, arkadaşlarınız ve aileniz sizinle birlikte. Üstelik koşulsuz sevgiyi sunacak insanlarla birlikte olmak en güzel ilaçtır. Güvendiğiniz insanlarla olun, değerli anlar yaratın. Uzun zamandır görüşmediğiniz insanlarla buluşun ve onlardan kendinize dair hikâyeleri, anıları dinleyin. Geçmişte ne kadar güçlü ve mutlu olduğunuzu hatırlamak geleceğe yönelik umutlarınızı ve motivasyonunuzu da tazeleyecektir. Arkadaşlar, ebeveynler, kardeşler, akrabalar ve daha fazlası, sevildiğinizi hatırlatmada ve bunun geçici bir durum olduğu ve size engel olmaması gerektiği konusunda size bakış açısı kazandırabilirler. Güvendiğiniz ve yanında olduğunuz insanlarla konuşmaktan çekinmeyin, hayatınızda değişime yol açacak bazı tavsiyelerde bulunabilirler. Hem hayatınızda biri varken onları ihmal ettiğiniz zamanları da böylece telafi etmiş olabilirsiniz.

- Zamanın hem en iyi arkadaşınız zaman zaman da düşmanınız olduğunu aklınızdan çıkarmayın. Tam bir denge ve bağımsızlık hemen bugünden yarına kazanılabilecek bir şey değildir. İyi hissetmek zaman ister. Her şeyin hemen değişmesini beklemeyin, bunun için kendinize zaman verin ancak saplanıp da kalmayın. Unutmayın büyük yolculukların hepsi küçük adımlarla başlar. Hedefiniz kendinizi tekrar bulmaksa eskiyi anımsamak ve anıların içinde yuvarlanmak yerine ufak değişimlerle hareket etmeye başlayın. Durağanlık sizi esir almasın. Güne başladığınızda bu kez farklı bir şey yapın, gün içinde yaşamınıza dahil edebileceğiniz yeniliklere açın ruhunuzu. Ayrıldıktan sonra hemen her şeyin normale dönmesini beklemek bir yanılgıdır. Üzüntü yaşamak, acı çekmek de bu sürece dahil. Yaşanmayan her üzüntünün sizi beklemediğiniz bir anda yakalayacağını unutmayın. Bastırmak yerine duygularınızı anlamaya ve kabullenmeye odaklanın. Her gününüzü ittirerek devam etmeye zorlayın, yataktan zor kalktığınız, korktuğunuz veya üzgün olduğunuz halde hareket etmeye devam etmek kendiniz için yapabileceğiniz en iyi şeydir. Bu zamanı kendinizi yenilemeye, iyileştirmeye ve özgür bırakmaya odaklayın, böylelikle bu sürecin sonunda kendinizle gurur duyacağınız pek çok şey kazanacaksınız.

Kendinize biraz zaman verin. Ve bu zaman içinde elinizden gelen her şeyi yapmaktan lütfen çekinmeyin. Böylelikle başlayacağınız yeni ilişkinizde yenilenmiş bir siz olarak çok daha sağlıklı ve mutlu bir ilişki yürütme potansiyeline de sahip olmuş olacaksınız.

Yeni Bir İlişkiye Hazır Olduğumu Nasıl Anlarım?

Herkesin ilişki sonrasında gösterdiği reaksiyonlar farklıdır. Kimisi bir süre durmak ister, kimisi çivi çiviyi söker deyip hemen hayatına birini alabilir. Ayrılık sonrasında korku ve panik yakanıza yapışabilir. Yalnızlığınızı bastırma ihtiyacı size ele geçirebilir. Ancak kendinizi bulmak için yeteri kadar zaman ayırdığınız halde yeni bir ilişkiye başlamakta da sıkıntı yaşayabilirsiniz. Özellikle travmatik bir ilişkiden sonra yeni bir ilişki sizde kaygı uyandırabilir.

Korkularınızdan, kaygılarınızdan sıyrılıp yeni bir ilişki için hazır olup olmadığınızı anlamak için bazı ipuçları:

- Yeni bir ilişkiye başlamaya hazır olduğunuzun en açık işaretlerinden biri bir önceki ilişkinizin tamamen kafanızda bitmesidir. Hâlâ eski sevgilinizi düşünüyor, onu özlüyor ya da onu geri döndürmek için uğraşıyorsanız yeni bir ilişki kurmaya gerçekten hazır değilsinizdir. Eğer böyle bir durum yaşıyorsanız başka bir ilişkiye başlamadan önce kendinizi bu konuda iyileştirmek için hâlâ biraz daha zamana ihtiyacınız var demektir. Ancak odağınız ve ilginiz tamamen farklı bir yöndeyse ve eski sevgilinizle olan durumların üstesinden gelebilmiş ve kendinizi iyileştirme sürecine girdiyseniz hayatınıza yeni birini almak için hazır olduğunuzu söylemek mümkün olabilir.

- Yeni tanıştığınız birine yakınlık kurmakta zorlanıyorsanız, kendiniz hakkında bir şey saklıyorsanız, kendinizi ona açmaya istekli değilseniz, onun ilişkiye değer biri olduğunu düşünmüyor ya da bu ilişki için henüz hazır hissetmiyorsunuzdur.

- Yeni bir ilişkiye başlamaya hazır olup olmadığınızı gösteren bir diğer işaret ise ona geliştirdiğiniz güven duygusudur. Güvenmekte zorluk çekiyorsanız zamana ihtiyacınız vardır.

- Diğer bir işaret ise, incinme olasılığınız olduğunu bile bile kendinizi riske atmaya istekli oluşunuzdur. İlişkiler konusunda hiçbir garanti yoktur ve yeni ilişkinizin başladıktan sonra nasıl devam edeceği bir muammadır. İlişkilerin zor ve zorlayıcı olduğunu biliyor olsanız bile, bir risk alıp yeni biriyle bir şeyler konuşabiliyorsanız, yeni bir ilişki yolunda başarılı ve emin adımlarla yürüyorsunuz diyebiliriz.

- Yeni bir ilişkiye başlamanız için hazır olup olmadığınızı gösteren bir diğer şey ise, gerçekten buna ne kadar istekli olduğunuzdur. Kendinizi baskı altında hissettiğiniz ya da sırf yalnız kalmamak için hayatınızda birini istemeniz gibi durumlar söz konusuysa ilişkinizin sağlıkla ilerlemesine zarar verecek durumlar mevcut demektir. İhtiyaçlarınızı gerçekten karşılayan, sevdiğiniz ve güvendiğiniz birini bulmak yerine mantıkla ve yalnız kalmamak adına vereceğiniz bu karar sizi daha da aşağıya çekebilir. Doğru kişiyi bulmak zaman ve sabır gerektirebilir, bunun için acele etmemeye özen gösterin. Gerçekten bağ kurduğunuz ve iyi hissettiğiniz biri çıktığı zaman bütün şüpheleriniz ortadan kalkacaktır.

Benden Sonra Yeni Bir İlişkiye Başlaması Ne Anlama Geliyor?

Ayrıldıktan sonra sizin için hayat hâlâ yorucuyken bir de öğrendiniz ki ayrıldığınız insanın hayatında başka birisi var. Hemen sosyal medyasında küçük bir araştırma yaptınız ve artık eminsiniz.

Bu gibi durumlarda zihninize paranoyakça sorular dolacaktır muhtemelen. Kim bu, benden önceki eski sevgilisi mi, benimle birlikteyken de görüşüyor muydu, nasıl benden sonra hemen birini bulur, beni kıskandırmaya mı çalışıyor?... Nereye çekerseniz oraya uzatılacak binlerce soru ardı ardına dizilirler... Belki de rest çekmenize rağmen hâlâ geri döner diye içten içten bir umut taşıyordunuz ve şimdi gerçek tüm çıplaklığıyla karşınızda...

- Öncelikle yaşadığınız umutsuzluk ve üzüntünün çok normal olduğunu bilin. Muhtemelen eski sevgilinizin bir ilişkisi olduğunu öğrendikten sonra derin bir üzüntüyle beraber şu an onun ilişkisinde çok mutlu olduğunu ve sizi unuttuğunu düşünmekte ve bunun için endişe hissetmektesiniz. Bazen insanlar ilişkilerinde çok bunalıp kaçma eğilimi gösterebilmektedirler. Eğer ki kaçan taraf sizseniz eski sevgiliniz ayrıldıktan sonra hemen başka biriyle birlikte olmaya başlayarak durumu kendi lehinize çevirmek istemiş olabilir. İlişkiyi kim noktaladı? Siz mi? O mu? Yoksa ortak kararınız mı? Ayrılık sonrası davranışlar birer intikam silahı haline getirilebilir. Sizi kıskandırmak, üzmek için bu tarz bir hamle yapmış olabilir. Ancak karşılıklı bir saygı çerçevesinde ayrıldıysanız yeni bir başlangıç yaptığını düşünebilirsiniz.

- Ayrılmanızın üstünden sadece bir iki hafta geçtiyse ve onun hayatında başka biri olduğunu bu kadar hızlı bir şekilde öğrendiyseniz bunun iki sebebi olabilir. Ya sizinle birlikteyken de hayatında o kişi vardı ve sizi bu yüzden bıraktı ya da sizi bir şekilde sinir etmeye ve geri kazanmaya çalışıyor. Çünkü özellikle uzun süreli ilişkiler bittikten hemen sonra kimse hemen yeni birini hayatına bu kadar hızla alamaz. Tabii ki bu durum herkes için geçerli değil. Belki de sizi unutmanın yollarını kovalıyor da olabilir.

- Eğer ki eski sevgilinizin yeni ilişkisi çok kısa sürmüşse bu hâlâ aklında sizin olduğunuzun bir göstergesi olabilir. Genellikle bu tarz karşı tarafı sinirlendirmek ve geri kazanmak için girilen ilişkiler çok uzun süreli olmazlar. Lakin ilişkileri devam ediyor ve mutlu gözüküyorlarsa belki de ilişkinizin gerçekten bittiğini kabul etmenin zamanı gelmiştir. Eğer sadece çok kısa bir süredir birliktelerse bunun toparlanma ilişkisi olup olmadığını söyleyebilmek için biraz daha zaman gereklidir.

- Yeni başlayan ilişkinin gerçek mi yoksa öylesine bir ilişki mi olduğunu anlamanız için ilişkilerinin ne kadar hızlı ilerlediğine bakabilirsiniz. Eğer ki çok çabuk adım atıyorlarsa bu ilişkilerinin gerçek olduğunu göstermez mi? Sezgisel olarak belki evet fakat durum böyleyse belki de tam tersi bir şey söz konusu olabilir. Genellikle savunma ilişkilerinde kişiler, yaşadıkları son ilişkinin ardından acılarını hafifletmek ve tekrar mutlu olmak için hayatlarına birini alma eğiliminde olurlar. Bunun altında yatan nedeni çoğunlukla güvensizlik, yalnız kalma korkusu veya sevilmeme gibi duygular oluşturur. Çünkü kişi biten ilişkisinin ardından tekrar güvenli ve iyi hissedebilmek ister. Birçok insan ayrılık sürecinin acısını kaldırmakta güçlük çeker ve duygusal açıklarını doldurmak için gerçekten istemedikleri ilişkiler içerisinde kendilerini bulabilirler. Bu kendilerini iyi hissedebileceklerini düşündükleri bir yoldur aslında. Peki bunun yeni başlayan ilişkisindeki hızıyla ne ilgisi olabilir? Eğer ki yaşadığı ilişki tampon bir ilişkiyse bağlanma ve destek ihtiyacını karşılayacaktır. Fakat yalnız kaldığı zamanlarda hâlâ sizinle olan anılarınızı ve ilişkinizi düşünüp acı çekiyor olma olasılığına sahiptir. Sonuçta yeni başlayan ilişkiler eski duyguların, anıların, alışkanlıkların yerini tutmazlar. Bu yüzden 3 haftalık bir ilişki ile 3 yıllık bir ilişki bu konuda kıyaslanamaz. Bu eksiklik ihtiyaçları yüzünden yeni ilişkisini ittirebilir ya da bazı şeyleri acele şekilde yapmaya başlayabilirler. Ama tabii ki buradaki gerçek his sizi tamamen hayatından çıkarması da olabilir.

Nedenlerine bakmaksızın buradaki en önemli ölçek, sizi gerçekten seviyorsa ve sizinle birlikte olmak istiyorsa şartlar ne olursa olsun size geri dönmek için bir adım atacağıdır. Tabii ki ilişkiler bitse bile araya giren başka kişiler problem olabilmektedir.

Onu aramayın, onunla iletişime geçmekten kaçının ya da öfkenizi ona belli etmemeye ve onu görmezden gelmeye çalışın. Bir kişi sevdiği insanı gerçek anlamda kaybetmek istemez, eğer sizi kaybetmeyi göze aldıysa belki de size olan sevgisini sorgulamanızın zamanı gelmiştir.

Eski Sevgilimi Nasıl Geri Döndürebilirim?

Tam anlamıyla bitmemiş duygular, yarım kalmışlıklar eski ilişkilerinize dönüp bakmanıza neden olurlar. İlişkileri tamamen bitiren ölümcül hataların dışında bazı problemler zaman içinde silikleşerek öfkeli, karamsar bakışınızı törpüler. Sadece güzel ve hoş anılar kalır geriye. Bir gün onu çok özlediğinizi fark edersiniz. "Aslında her şey o kadar da kötü değildi" dersiniz. Yanılıp yanılmadığınızı size zaman gösterecek elbette ancak yine de eski sevgilinizle barışmayı aklınıza koyduysanız neler yapabileceğinize bakalım.

Ayrılan taraf sizseniz ve bunun için pişmanlık hissediyorsanız, hislerinizi dinleyin ve adım atmaktan çekinmeyin. Fakat terk edilen kişi sizseniz o bir şeylerin yanlış gittiğini düşünerek gitti bunu hatırlayın. Eğer ki biri sizden ayrılmayı göze almışsa bu yüksek ihtimalle size olan hislerinin azaldığının veya sizinle birlikte yapamadığının işaretidir. Peki böyle düşünen birini hayatınıza nasıl geri alabilirsiniz? Ya da gerçekten onu hayatınıza almak ister misiniz?

İlişkiniz devam ettirmeye değerse ve eski sevgiliniz de bunun için istekli ve hevesliyse ona değerinizi hatırlatın. Ona meşgul olduğunuz imajını verin, her an size ulaşamasın. Hatta sizinle ilgilenen birileri varmış gibi davranın.

Eski sevgiliniz sizin için en iyi kişi olduğunu düşünebilir. Böylelikle sizin hayatınıza birinin girmeyeceğini, ondan daha iyisini bulamayacağınızı düşünme eğiliminde olabilir. Bu yüzden onunla iletişime geçmemeniz, içinizden onu aramak veya mesaj atmak gelse bile kendinizi durdurmanız önemlidir. Onu merak etmediğinizi ya da hiç özlemediğinizi düşünürse hâlâ size olan hisleri devam ediyorsa size geri dönmek için bir adımda bulunabilir.

Sosyal medyada olumsuz duygularınızı paylaşmaktan kaçının. Sevgilinizle ayrıldıktan sonra ortak tanıdıklarınız, arkadaşları hatta tanıştıysanız ailesi sosyal medyada sizi hemen takipten çıkarmaz. Sürekli üzgün, acı çeken ya da isyan dolu paylaşımlar yapmanız onu itmenize neden olur. Negatif durumlar, negatif paylaşımlar insanları birbirlerinden uzaklaştırabilir. Dolayısıyla acı çekiyor olsanız bile bunu sosyal medyada paylaşmanız hem çevreniz hem de eski erkek arkadaşınıza pek hoş bir izlenim yaratmayacaktır.

İstenmediğinizden dolayı acı çekiyor ve belki de kendinizi değersiz hissediyor olabilirsiniz. Belki intikam almak belki kendinizi iyi hissetmek hatta onu kıskandırmak için başkalarıyla konuşma girişimine bir süre girmeyin. "Eski sevgilim eğer başka bir ilişkim olduğunu bilirse kıskanır, geri döner ya da bana geri dönmem için yalvarır" benzeri düşünceler size çok daha zarar verir.

Onu geri döndürmek için ona odaklanmaktan çok kendinize odaklanmayı deneyin. Bu süreci kendinizi sevmeye ve kendinize değer vermeye ayırın. Sadece sevdiğiniz şeyi yapmak için cesarete ihtiyacınız var. Eğer yeni bir işe başlamak istiyorsanız zaman kaybetmeden başlayın, ertelediğiniz şeyleri yapın, yeni şeyler öğrenmeye ve keşfetmeye odaklanın.

Hayatın sizin için keyifli bir şekilde devam ettiğini belli edin. Tabii bunu abartarak ve gözüne sokarak yapmayın. Sosyal medyanızda böyle bir imaj üzerine çalışın. Aslında bunu rol kesmek için de yapmayın. Bilimsel çalışmalar beynin kandırılabilir olduğunu söylüyor. Siz mutluymuş gibi davrandığınızda bir süre sonra buna inanmaya da başlarsınız ve bu sizin gerçek imajınız haline gelir. Kendinizi iyileştirdiğinizde, geri dönüp bakınca belki de bu ilişkinin bitmesinin sizin için çok daha iyi olduğunu bile görebilirsiniz. Unutmayın, bir insan sizinle birlikte olmak isterse bir yolunu bulur ve olur. Ama sizinle birlikte olmak istemeyen ve sizi mutlu edemeyecek birini beklemek kendinize vereceğiniz en büyük cezadır.

Eski Sevgilimin Hâlâ Beni Sevdiğini Nasıl Anlarım?

Ayrılmanıza rağmen eski sevgiliniz sizinle iletişime geçmeye çalışıyor ya da size farklı yerlerden mesaj vermeye çalışıyorsa bu durum size karşı hâlâ bazı duyguları olduğunu gösterir. Ancak bu durum tekrar bir araya gelmek istediği anlamına da gelmez.

Eski sevgiliniz sizi özlüyor ve sizin nasıl olduğunuzu merak ediyor olabilir. Ya da her gün sizinle konuşmaya alışık olduğundan dolayı boşlukta hissedip sizi aramadan duramıyor da olabilir. Belki tekrar bir araya gelmeyi düşünüyor ancak ne düşündüğünü ve tekrar birlikte olmak için bir şansınız olup olmadığını söylemek için çok erken.

Eski sevgilinizin size karşı hâlâ öfke veya sinirli hissetmesi size olan duygularının hâlâ var olduğunun işaretidir. Hiç umurunuzda olmayan birine öfkeli davranır mısınız? Peki eski sevgilinizin hâlâ kızgın olması ne anlama geliyor? Muhtemelen bu duygu hâlâ sizden bir şeyler beklediğinin işareti. Sizin yokluğunuzun verdiği boşlukla mücadele ediyor ve bundan dolayı da size suçluyor olabilir. Ancak diğer yandan bu durum yaşananların sorumluluğunu almamanın da bir göstergesidir. Ayrımını iyi yapmanız gerekir.

Eğer ki eski sevgiliniz sizi hâlâ seviyorsa, belki çocukça gelebilir ama sizi kıskandırmaya çalışması çok olası bir durumdur. Sizden hemen sonra hemcinslerinizle görüşmeye başlayıp bunu da sizin görebileceğiniz şekilde yapabilir. Size sizden daha mutlu olduğunuzu göstermeye çalışma isteğinin altında "Seni özlüyorum" mesajı gizlenmiştir. Bu yönteme başvuran kişilerin pek olgunlaşmadıklarını ve biraz çocuksu olduklarını söyleyebiliriz.

Bu tarz bir davranış sizi kıskandırmanın ötesinde belki de sizden gerçekten vazgeçtiği ve yoluna devam etmek istemesinden de kaynaklanır. Bu ikisi arasındaki ayrımı nasıl yapacaksınız? Eğer ki ilişkisini sizin gözünüze sokmak gibi bir çabası varsa evet bu sizi kıskandırmak için başvurduğu bir yöntemdir. Ama yaşadığı ilişkinin gerçek olduğuna sizi inandırmaya çalışmıyor ve akışına bırakmış bir şekilde devam ediyorsa bu sizi kıskandırmaktan ziyade yeni bir ilişkiye başlamış şeklinde yorumlanabilir.

Her ne olursa olsun, sizi seven biri eninde sonunda size geri dönmek isteyecektir. Zaman geçtikçe insanlar sevdikleri kişilerin yokluğuna alışamadıklarını gördüklerinde onları özlediklerini fark ederler. Eğer ki ilişkiniz çok hassas ve affedilemeyecek bir nedenle bitmemişse, iki kişi istedikten sonra o ilişkiye tekrar bir şans verilebilir.

Eski Sevgilimin Beni Tamamen Unuttuğunu Nasıl Anlarım?

Biten bir ilişkinin ardından çiftler ilişkinin nasıl bittiğinden bağımsız olarak belirli bir zamana ihtiyaç duyarlar. Böyle durumlarda insanlar yeni insanlarla tanışmaktan uzak dururlar ve yeni bir ilişki yaşamak için kendilerini hemen hazır hissetmezler. Bu hem kendilerine hem de yaşanan anlara gösterilen saygının bir ifadesidir. Fakat bazı durumlarda, kişiler bir ilişki bittiğinde hemen başka birine koşma eğiliminde olabilirler. Bunu da acı çekmekten, yalnız kalmaktan, üzülmekten korktukları için yaparlar.

Bazı durumlarda da ilişki zaten başka bir kişinin varlığı yüzünden bitmiştir. Eğer böyle bir durum varsa ve siz bundan bihaberken ayrıldıysanız şaşırmanız normal. Eski sevgilinizin hayatına bir şekilde başka biri dahil olduysa, hayatına siz olmadan devam etmeye karar vermiş olması çok yüksek ihtimaldir. Fakat bunun için herhangi bir çabası yoksa veya hayatına başka insanları almamayı tercih ediyorsa bu hâlâ sizi unutamadığının bir göstergesi olabilir.

Eski sevgilinizin size karşı hâlâ hisleri varsa, size diğer insanlara davrandığından farklı davranma eğiliminde olacaktır. Size karşı hâlâ iyi olmak için uğraşabilir hatta çok parlak olmasa da bazı sinyaller gönderebilir. Ancak eski sevgilinizden hiçbir şekilde haber alamıyor veya olumlu bir işaret göremiyorsanız sizsiz yola devam etme kararı almış olma olasılığı yüksektir.

Eski sevgilinizin hayatında her şey yolunda gidiyor gibi görünüyor mu? Gerçekten hayatında mutlu hissediyor mu? Eğer ki mutlu görünüyorsa ve bu size gösteriş için yapılan bir mutluluk gibi gelmiyorsa, sevgiliniz artık hayatında sizin eksikliğinizi hissetmiyor olabilir. Eğer ki sizi özlüyorsa, ayrılmanızdan dolayı memnuniyetsizlik ve pişmanlık hissettiğini size bir şekilde ifade edecektir. Bunu sosyal medyadan, yakın çevrenizden ya da ortak arkadaşlarınızın size söylemlerinden anlayabilirsiniz.

Bir zamanlar ilişki içerisindeyken ona ulaşmaya alışıktınız ama artık birlikte değilsiniz. Bildiğiniz tek bir şey var o da artık ondan hiçbir şey duymuyorsunuz. İlişkiler sona erdiğinde, kişilerin konuşmayı bırakması olması gerekli bir durum olsa da, bazen kişiler bağlantıda kalmayı tercih edebilirler. Bu da aslında ilişkinin bitmesine hazır olmamakla ilgilidir. Ya da bazı kişiler arkadaş olarak kalmayı düşünebilirler bu da ilişki dinamikleri içerisinde normal bir durumdur. Eğer ki arkadaş olmak gibi bir konuşma geçmediyse ama bir şekilde sizinle iletişimde kalmak gibi bir gayreti varsa bu sizi hâlâ hayatından tamamen çıkarmak istememesi şeklinde yorumlanabilir.

Artık onunla birlikte olmasanız bile, yine de onu görmeniz ve onunla konuşmanız gereken durumlar olabilir (aynı yerde çalışmak ya da ortak arkadaşlar olması gibi). Peki bu durumlarda aranızda flört olup olmadığını nasıl anlarsınız? Onunla birlikte olduğunuz zamanlarda onun nasıl flört ettiğini aslında biliyorsunuzdur fakat bazen davranışlarını anlamlandırmak zor olabilir. Size iltifat etmesi, etrafınızda veya yanınızda olmak için bir şeyler yapması, konuşurken size dokunmak için fırsat yaratması, hayatınıza yönelik sorular sorması, birinin olup olmadığını yoklaması sizinle ilgili bir şeyler hissettiğinin bir ifadesidir.

Ayrılıktan Sonra Arkadaş Kalmak Mümkün mü?

İlişkiler tıpkı hayat gibi evrelerden oluşur, doğum, değişim-dönüşüm-büyüme ve ölüm ya da mutlu son. Doğada bulunan her şey gibi kurduğumuz her ilişki de bu döngüden nasibini alır.

Bazen isteyerek bazen istemeyerek nihai bir sona vardığımızı hissederiz, sevsek de elimizde kalanlarla bir ilişki yürütmek zor olur bazen... Bazen de artık aynı yolda yürümediğinizi hissedersiniz sevdiğinizle ve nazikçe bırakmak istersiniz o eli. Eğer yapabilirseniz de hayatta hâlâ bir bağınızın kalmasını istersiniz. Zordur aslında ilişkilerin bitiminden sonra hâlâ bir şeyleri paylaşabilmek. Pek çok şeyden sıyrılmak ve farklı bir algıyla bakabilmek gerekir o insana ve dünyaya... Becerilebilirse kalpte huzurun ve sevginin gücü hissedilir. Ama bu her zaman mümkün olmaz...

Olgunlaşmak her bitişten yeni bir başlangıç yaratmaktır. Eskiyi unutmak, ama eskinin deneyiminden faydalanmak, onun korkusu ve kaygısından değil onun dönüştürücü gücünden faydalanmaktır. Gelişimini tamamlayan bir ilişkiden, bir büyüme serüveninden çıktıktan sonra yola başka türlü de devam edebilme ihtimalinin olduğunu görmektir. Ayrılıkların da bir bitiş olmayacağını bilmektir.

Gerçek şu ki bazen aşk değişebilir. Siz ve eski sevgiliniz ilişkinizi körükleyen heyecanı veya romantizmi kaybetmiş olabilirsiniz. Bu illa yaşanan her şeyi toptan yok etmeniz gerektiği anlamında gelmez. Kısa süre de olsa yaşam yolculuğunuzun bir kısmında birlikte yürüdünüz ve eğer ortada görüşmenizi engellemeyecek büyük bir problem yoksa arkadaş kalabilir, düzenli olarak görüşmeye de devam edebilirsiniz.

Eğer biten ilişkinizin ardından arkadaş kalmaya karar verdiyseniz, bu karar ikinizin de ortak düşüncesi olmalıdır. İlişkiyi bitirmeye karar verdikten sonra, oturun ve onunla dürüstçe ve içtenlikle açık açık konuşun. Bir gelecek var mı? Bu gelecekte birbirinizin hayatının neresindesiniz? Bir ayrılıktan sonra arkadaşlık ancak ve ancak her iki tarafın da istediği şeyse mümkündür. Eski sevgilinizi arkadaş olmaya zorlayamazsınız. Arkadaş olmanız mümkün değilse onun bu kararına saygı duyun ve yolunuza devam edin.

Bazen bir ayrılık sonrası arkadaş kalmak teoride pratikte olduğundan daha kolaydır. Bu nedenle sınırları belirlemek ve bunlara bağlı kalmak zorunludur. Mesela, eski sevgilinizin yeni biriyle bir ilişkiye başladığını gördükten sonra ne hissedeceksiniz? Geçmişin geçmişte kalmış olmasına ve ilerlemesine izin vermek önemlidir. Ayrıca arkadaşlık çizgisini aşamazsınız. Hem fiziksel hem de duygusal olarak bazı görünmez bariyerler vardır artık. Bunlar küçük şeyler olarak gözükse de zamanla kırgınlığa ve gönül yarasına dönüşebilirler. Eğer ki arkadaş olmaya karar verdiyseniz yeni bir temel oluşturmanın ve sahip olduklarınızı eskiden sahip olduklarınızla karıştırmamanızın zamanı gelmiş demektir.

Çevrenizdeki insanlar eski sevgilinizle arkadaş olma kararınızı sorgulayabilir hatta yadırgayabilirler. Aslında bu düşüncelerinde kendilerince haklı da olabilirler. Sonuçta sizin üzüleceğinizi düşündükleri bir durumla karşı karşıya kalmanızı istemezler. Yine de bu insanların değil sizin verebileceğiniz bir karardır. Onların tavsiyelerini duyun ama son kararı kendiniz verin.

Bazen arkadaş kalmaya çalışmak gerçekten onu bırakmak istememenin bir maskesidir. İlişkinizi arkadaşlık boyutunda devam ettirmeye istekli olun ve aynı zamanda gerçekçi olun çünkü her ikisinin de üstesinden gelmek için bazı engellerle karşılaşma ihtimaliniz olduğunu bilin. Eski sevgilinizin yanında ve etrafında olmak sizin için üzücü veya sinir bozucuysa belki de ona tamamen veda etme zamanınız gelmiştir.

Bazen de ilişkilerden sonra arkadaşlıkların başlaması iki insanın gerçek anlamda birbirini tanıması için bir şans vermesidir. Çünkü ilişki adı altında kendiniz kısıtlayabilir ve kendi benliğinizi özgürce sergilemekten kaçınabilirsiniz. Örneğin erkekler ilişki içinde daha otoriter olma eğilimindeyken arkadaşlıkta bu tavır daha şefkatli ve korumacı bir role dönüşebilir.

Ya da bir kadın ilişkide kaygı ve korkularla boğuşurken arkadaşlığın getirdiği rahatlıkla özgüvenli hissedebilir. Ayrıldıktan sonra yola arkadaş olarak devam etmenin çok daha iyi olduğunu söyleyen pek çok çift vardır.

Eski Sevgilim Beni Takıntı Yaptı, Ne Yapmalıyım?

Bazı insanlar ayrılığı kaldırmakta veya kabul etmekte zorlanırlar. Takıntılı bir eski sevgiliyle başa çıkabilmenin yolu, o kişinin özelliklerine göre değişkenlik gösterir. Eğer eski sevgiliniz hâlâ sizden vazgeçemiyor ve sizin için tehlike oluşturuyorsa kendinizi korumak için izleyebileceğiniz bazı yollar vardır.

Öncelikle, eski sevgilinizin takıntı yaptığına dair işaretler varsa öncelikle onunla iletişiminize ara verin. Kaybetmemek ya da onu üzmemek adına iletişim halinde kalmak işleri daha zora sokmaktan başka işe yaramayacaktır. Bu şekilde onun devamlı yeniden başlama umudunu tazelemiş olursunuz.

Ona ilişkinizin gerçek anlamda bittiğini söyleyin. Tekrar barışma ihtimalinin kalmadığını ifade edin. Bunu kararlı olduğunuzu gösterecek şekilde yapın. Aksi halde eski sevgiliniz hâlâ ilişkinizin devam ettiğini, sizin ona açık bir kapı bıraktığını düşünüp tekrar bir araya geleceğinizi hayal edebilir.

Ailenize ve arkadaşlarınıza, özellikle eski sevgiliniz ve sizin ortak olarak görüştüğünüz arkadaşlarınıza ayrıldığınızı mutlaka söyleyin. İnsanların ilişkinizin bittiğini öğrenmesi, eski sevgilinizin de bu durumu kabullenmesini kolaylaştırır. Sessizce ayrılır ve hâlâ birlikteymişsiniz gibi görünürseniz, eski sevgiliniz bunu ilişkinizin bir işareti olarak yorumlayabilir ve sizi geri alma takıntısı geliştirebilir.

Takıntılı bir eski sevgili sizi aramak veya sürekli mesaj atmak, size hediye göndermek gibi sizinle iletişime geçebileceği durumlar yaratmaya çalışabilir. Eğer onu üzmemek adına da olsa karşılık vermeniz hatta "Beni artık rahat bırak!" demeniz bile, eski sevgiliniz tarafından onunla hâlâ ilgilendiğiniz şeklinde yorumlanabilir. Sahici bir kayıtsızlık sergileyin, olumlu ya da olumsuz hiçbir tepki, reaksiyon göstermeyin. Buluşma taleplerine olumlu yanıt vermeyin. En azından arkadaş olarak yola devam etmek isteseniz de bu isteğinizi rafa kaldırın.

Obsesif bir kişiyle başa çıkabilmenin en iyi yolu onunla girebileceğiniz tüm temaslardan kaçınmaktır. Ayrıca sosyal medya hesaplarınızdan takibi bırakın. Geniş bir iletişim ağı oluşturduğu için sosyal medya, takıntılı bir eski sevgiliyle başa çıkmayı zorlaştırabilir. Sosyal medya hesaplarınızdan ya da ortak arkadaşlarınızdan size ulaşmaya çalışabilir, bu yüzden onu her yerden çıkarmış olmak onun da bazı şeyleri idrak etmesini kolaylaştırır.

Fiziksel bir temastan kaçınmak takıntılı bir eski sevgiliyle başa çıkmanın diğer etkili yollarından birisidir. Eğer ki sizi görme şansı yoksa, takıntısının sona erme ihtimali oluşabilir. Sık gittiğiniz yerleri hatta bazı alışkanlıklarınızı değiştirin. En azından bir süre onunla karşılaşma ihtimalinizin olduğu ve sürekli gittiğiniz yerlere gitmekten kaçının.

Eski sevgilinizin sizi takip edecek kadar ileri gittiğini düşünüyorsanız bu durum biraz tehlikelidir. Takip etmek, takıntı durumundan biraz farklıdır çünkü içinde taciz ve istismar da bulunur. Takip durumu iki kez veya daha fazla olduysa, size zarar vermekle sizi tehdit ediyorsa mutlaka polise başvurun.

Yaygın takıntı belirtileri ise şunlardır:

- Sizi takip etmesi
- Evinizin, işyerinizin ya da sık gittiğiniz yerlerin yakınlarında bulunması
- Evinize, işyerinize sizi gözetleyeceği ya da takip edebileceği ekipmanlar kurması
- Size ulaşabilmek için hiç olmayacak kişilere (patronunuz gibi) ulaşması
- Size sözlü olarak tacizde bulunması, tehdit mesajları bırakması ve uygunsuz yollarla sizinle iletişime geçmeye çalışması
- Sosyal medya hesaplarınızı, mail adresinizi sizin izniniz olmadan hackleme yoluyla izlemesi
- Size şiddet uygulaması
- Evinize, işyerinize zarar verici eylemlerde bulunması
- Aile üyelerinize veya arkadaşlarınıza zarar vermekle tehdit etmesi
- Kim olduğunu bilmediğiniz kişilerden mesajlar ya da telefonlar almanız

Bunların hepsi çok ciddi durumlardır. Böyle durumlarla karşı karşıya kaldığınızda bunların üstesinden tek başınıza gelemezsiniz. O yüzden mutlaka yardım alın.

Biten Evliliğin Ardından

Çoğu çift evlenmeye karar verdiğinde hikâyesinin mutlu sonla bittiğini düşünür. Oysa olan şey sadece yeni bir başlangıçtır, hem de ilişkiden çok daha farklı sorumlulukların, toplumsal rollerin ve ailelerin dahil olduğu bambaşka bir başlangıç.

Bazen evlilikler bazı anlaşmazlıklar ya da hatalar yüzünden noktalanabilir. Biten bir evliliğin ardından kendinizi mutsuz, umutsuz ya da üzgün hissedebilirsiniz. Bu tamamıyla normal bir süreçtir. Ama unutmayın ki bu asla dünyanın sonu değildir ve boşanmadan sonra da mutlu bir hayat sürmek mümkündür.

Bir evliliğin dağılması size ölüm gibi gelebilir, böyle hissetmeniz çok normaldir, kaybettiğiniz şeylerin yasını tutmak bu süreçte çok doğaldır. Evlilikler her ne şekilde biterse bitsin, eski rutininiz veya eski düzeniniz ya da alışkanlıklarınızdan oluşan belirli boşluklara alışmak biraz zaman alabilir. Bu süreçte kendinize izin verin ve her şeyi zamana bırakmayı deneyin.

Duygusal mücadeleleriniz hakkında yazmak, günlük tutmak hissettiğiniz acının üstesinden gelme yolunda size yardımcı olabilir. Yazı yazmak neleri yaşadığınızı görmek ve ruhsal bir rahatlama sağlamak açısından çok önemlidir. Birkaç günde bir bile olsa bir günlük şeklinde hissettiklerinizi yazmanız bu süreçte iyileşmenize yardımcı olur.

İnsanlar acı çektiklerinde karşısındaki insana da acı çektirme eğiliminde olabilirler. Bu tamamen insanca bir duygudur. Bu konuda kendinizi frenleyebilmeniz ise çok önemlidir. Bu noktada yakın arkadaşlarınıza güvenin, onların verdiği tavsiyelere uymaya özen gösterin. Ayrıca yalnız olmakla yüzleşemediğiniz anlarda omuzlarında ağlayabileceğinizi ve her zaman yanınızda olduklarını bildiğiniz arkadaşlara sahip olmak sizin hazinenizdir. Arkadaşlarınızla zaman geçirmek belki onları ihmal ettiğiniz zamanların telafisini yapmaya çalışmak sizin hem yalnız olmadığınızı kabul etmeniz hem de kendinizi iyi hissetmeniz açısından önemlidir.

Üstesinden gelemediğinizi düşündüğününüz ya da uzun süredir geçmeyen mutsuz ve acı dolu bir ruh haliniz varsa uzman bir terapistten yardım alma konusunda asla çekinmeyin. Biten evliliklerin ardından bu duruma alışmak belli bir süre geçmesini gerektirse de bazen bu süre gereğinden fazla uzayabilir.

Uzun süre çift olarak hayatlarını sürdüren insanlar bu rolü kaybettiğinde kendilerinin kim olduğunu sorgulamaya başlarlar. Artık bir çift değilsiniz ve bu yüzden kişisel kimliğinizle yani kendi benliğinizle bağlantı kurmanız gerekiyor. Peki bunu nasıl yapabilirsiniz? Kendinizle ilgili sevdiğiniz şeyleri eski eş rolünüzden ayrı olarak bir kâğıda yazın ve bütün bu özelliklerinizin olduğu bir liste yapın. Güçlü olan yönleriniz ya da benzersiz özellikleriniz neler? Hangi konularda iyisiniz? Kendiniz hakkında nelere değer veriyorsunuz? Sahici bir gözlemci olarak dışarıdan kendinize bakmaya çalışın, elinizde tuttuklarınızın, şanslı olduğunuz şeylerin farkına varın.

Boşandıktan sonra dünyada belki yalnız kaldığınızı hissedebilirsiniz. Ama emin olun ki yeryüzünde boşandıktan sonra böyle hisseden tek kişi siz değilsiniz. Yakın arkadaşlarınızın evli olması ve sizin artık bekâr olmanız onların sizinle zaman geçirme konusunda size zaman ayıramamalarına neden olabilir. Bu yüzden yeni arkadaşlar ve yeni bir çevre edinin. Özellikle bekâr arkadaşlarınızla vakit geçirmek ya da bekâr olan insanlarla tanışmak sizin şimdiki hayatınıza uyum sağlamayı kolaylaştırır.

Karşı cinsin dikkatini çektiğinizi bilmek bu sürede size iyi gelebilecek başka bir şeydir. Yeni bir boşanmanın ardından bir ilişkiye başlamaya kendinizi hazır hissetmiyor olmanız çok doğaldır. Bu süre zarfında karşı tarafın sizinle ilgilendiğini bilmek bile kendinizi iyi hissetmenize yarayabilir. Sadece zaman geçirmeye ve eğlenmeye odaklanın, ayrılır ayrılmaz ruh eşinizi bulmanız gibi bir durum söz konusu değildir ama en azından tekrardan güzel zaman geçirebileceğinizi görmek kendinizi iyi hissetmenize yarayacaktır.

Boşanma bir boşluk yaratır. Ama aynı zamanda size kişisel özgürlüklerinizi de geri verir. Evli olduğunuz için yapamadığınız şeyleri düşünün. Evlendiğiniz zaman ne kadar çok şeyden vazgeçtiğinizi düşünmeye çalışın. Her ne kadar evlilikte karşılıklı olarak fedakârlık yapılsa da ilişki ne kadar mükemmel ya da ne kadar iyi olursa olsun, kendimizden ödün vermemizi gerektirecek birçok şeyle karşı karşıya kalırsınız. Fakat artık her şey sadece sizinle ilgili, evliyken yapamadığınız ve yapmayı arzuladığınız şeyleri yapmaya ne dersiniz? Boşanmayı hayatınız için çok kötü bir durum olarak görmeyi bir tarafa bırakıp bu durumun sizin hayatınıza ne gibi pozitif şeyler getirebileceğine odaklanın. Çünkü bu sürede hayatlarınızı, aslında hayal bile edemeyeceğiniz şekilde yeniden inşa edebilirsiniz.

İlişkimi Bitirdikten Sonra Kimseyle Görüşmek İstemiyorum, Normal mi?

Bazen hayatta yapmak zorunda olduğumuz en zor şeylerden biri nasıl devam edeceğimizi bilmemektir. Hayatınızı geçirebileceğiniz biriyle tanışıyorsunuz ve kendinizi buna ikna ediyorsunuz ama sonunda kalbinizin kırılmasına engel olamıyorsunuz. Daha sonra sizin için imkânsız bir karar verme durumuyla karşı karşıya kalıyorsunuz: Vazgeçmek.

Ayrılıklardan sonra iyileşme süreci son derece kişiye özel bir durumdur, tamamen öznel bir değişkenlik gösterir. Bu nedenle tekrar yeni bir ilişkiye başlamak için uygun zaman bulmak gibi bir durumda kurallar veya formüller yoktur. Yine de kendiniz için en iyisini bulmaya yönelik bazı adımlar vardır.

Öncelikle, yeni birini hayatınıza almak yerine eski sevgilinize hâlâ hissettiğiniz olumlu ve olumsuz hislere yoğunlaşarak bunların ne olduklarının farkına varmak çok önemlidir. Hâlâ acı çekiyorsanız ya da bir takıntı durumu oluşturduysanız veya duygusal yönden zorlanıyorsanız zaten yeni bir ilişkiye hazır olmanız gibi bir durum söz konusu olamaz. Ayrılık sonrası başka biriyle yemeğe çıkmak, eski sevgilinizin artık "eski" olduğunu kabul ettiğinizde mümkündür. Kendinizi yeni birisine açmaya hazırmış gibi hissetmeniz de bu noktada çok önemlidir. Kendinize açık yüreklilikle yeni bir ilişkiye karşı savunmasız olmaya hazırım ve hayatımda birini istiyorum diyebiliyor musunuz?

Yeni bir ilişkiye başlamak için eski sevgilinizi kesinlikle unutmalısınız gibi bir durum da söz konusu değildir. Yeni bir ilişkiye hazır olan kişi, sona eren ilişkisi hakkında eleştirel düşünmeyi öğrenmiş ve her şeyi kabul etmiş kişidir. Yeni tanışacağınız kişilerin varlığı ya da düşüncesi bile sizi heyecanlandırmaya yetiyorsa zaten yeni bir ilişkiye hazırsınız demektir.

Çoğu insan uzun ya da kısa sürse de bir ilişkiyi bitirdiğinde muhtemelen iyileşmek için birkaç ay bekler. Eğer ki uzun süreli bir ilişkiniz bittiyse iyileşme sürenizin de buna doğru orantılı bir şekilde değişeceğini söyleyebiliriz. Ayrılık sonrası iyileşme sürecinizde görüşmek istediğiniz kişilere de zarar vermemek adına duygularınızı etkili bir şekilde değerlendirmek için kendinize yeteri kadar zaman ayırdığınızdan emin olmalısınız. Her ayrılık farklıdır bunu unutmayın. Bazısı sizi yerle bir edebilir, bazısı birkaç gün ya da birkaç hafta içinde içinizden çıkıp gidebilir. Geçmişinizi ve geçmişte yaşadığınız ilişkileri düşünmek, gözlemlemek başarılı ve mutlu bir gelecek için en iyi tariftir. Biten bir ilişkinin ardından her insan yas tutmaya ihtiyaç duyar, bu yas sürecinin ne zaman biteceğini ya da bir sonraki aşamaya ne kadar süre sonra gelinebileceğini kesin bir ifadeyle söylemek mümkün değildir. Eğer sadece yalnız hissettiğiniz ya da hayatınızda birinin olmasının size iyi hissettireceğini düşündürdüğünüz için yeni bir ilişki yaşamaya zorluyorsanız kendinize bunu yapmayın. Başka biriyle birlikte olmak, yalnızlık ya da yetersizlik gibi hisleriniz varsa bunlar için çözüm değildir. Sadece duygularınızı ve diğer insanlarla nasıl ilişki kurduğunuzu gözlemlemelisiniz.

"Yeni bir başlangıç" için hazır hissetmeden önce kendinizi güçlü ve toparlanmış hissetmeniz önemlidir. Bu şekilde hissetmeniz biraz zaman alıyorsa biraz daha düşünün ve kendinize zaman tanıyın. Çünkü eğer hazır değilseniz, yeni bir ilişki size yarardan çok zarar verir. Kendinizi iyi hissettikten ve buna hazır olduğunuzu bildikten sonra hayatınıza yeni birini almanın zamanı geldiğini içten içe biliyor olacaksınız.

Üçüncü Bölüm

Yeni Bir Başlangıç

"Tam şu anda, dünyanın bir köşesinde sizinle olmaktan mutluluk duyacak biri vardır."

– Walter Riso

Yalnızlığımla Neden Başa Çıkamıyorum?

Modern dünyanın en büyük sorunlarından birisi yalnızlık. Hatta İngiltere'de durumun salgın haline gelmesinden dolayı Yalnızlık Bakanlığı'nın kurulması dahi planlanmıştı. Etrafınıza baktığınızda bundan şikâyetçi olan pek çok insanla karşılaşırsınız. Hatta bazı insanlar için yalnızlık neredeyse ölümle eşdeğerdir. Belki bu satırları okuyan sizin için de bu böyle... Peki yalnızlık insanı neden bu kadar korkutur? Ya da tam tarifiyle yalnızlık aslında nedir?

Yalnızlık bazen bir zorunluluktur bazen de tercihtir. Kimisi yalnız kalmaktan kaçınırken kimisi de özellikle yalnız kalmaya ekmek gibi su gibi ihtiyaç duyar. Sağlıklı olan her şeyde olduğu gibi dengede olmaktır. Ne tamamen yalnızlıktan kaçınmak için insanlara bağımlı olmak ne de tamamen dış dünyadan soyutlanıp yalnız başına bir dünya inşa etmek sağlıklıdır.

Birey olmanın yolu varoluş kaygısıyla baş edebilmekten geçer. Yalnızlık korkusunu yenen insan ancak birey haline gelebilir. Schopenhauer'a göre ise bağımsızlık insan yalnızlığının doğrudan bir sezgisidir. İnsanlar kendileriyle baş başa kalabildikleri oranda yalnız kalabilirler ve yalnızlığı sevmeden, bağımsızlığa âşık olmadan birey olmak mümkün değildir. Bir kimse tek başına kalabildiği sürece özgürdür.

Sözlüklere baktığımızda yalnızlık kelimesinin "kimsesizlik" olarak tariflendiğini görürüz. Aslında burada bir ayrım yapma ihtiyacı doğar. Engin Geçtan *İnsan Olmak* adlı önemli kitabında yalnızlığı geçici ve gerçek yalnızlık olarak ikiye ayırır.

Geçici yalnızlık bireyin bilinçli olarak tercih ettiği ve bir süreliğine insanlardan uzaklaştığı haldir. Özellikle yaratıcı insanların ihtiyaç duyduğu bir yalnızlıktır bu ve bu yalnız kalma sürecinden yaratıcılık doğar. Yaratıcı insan ancak yalnızken kendi derinliklerine inebilir ve zenginlikleri keşfedebilir ve insanlığa şiirler, edebiyat eserleri, icatlar ya da unutulmaz şarkılar hediye eder.

Engin Geçtan'a göre gerçek yalnızlık tamamen içedönük ve sevgi alma becerisini yitirmiş insanın kendini tamamen soyutlaması ile ortaya çıkar. Bu durumda bu kişi yalnızlığın da ötesine geçen bir tür yabancılaşma içindedir.

Gerçek manada yalnız kalmak korkutur insanı. Hatta bu korku nedeniyle bağımlı ilişkiler geliştirir, bir an olsun kendilerini kendilerine hatırlatacak anlardan kaçınırlar. Bu kaygıyı bastırmak içinse sürekli hareket halinde olurlar, sürekli yemek yemek, sürekli TV ve dizi izlemek, aşırı alkol tüketmek, alışveriş yapmak, sosyal medyada aşırı aktif olmak bu yalnız kalma halinden kaçınmanın göstergeleridir.

Elbette sosyal bir canlı olan insanın başkalarından izole yaşaması düşünülemez. Üstelik uzun süreli yalnızlığın beyinde ve ruhta ciddi tahribata yol açtığı da bilimsel bir gerçek.

İzole olmayı tercih etmenin ya da çeşitli nedenlerle buna mahkûm olmanın diğer tarafında bir de yalnız kalamama becerisi vardır. Kendinizle yalnız kaldığınız anlarla baş etmekte zorlanıyorsanız yaşadıklarınızı net bir şekilde analiz etmeyi denemelisiniz.

- Kendi kendinize kalacağınız anlardan sürekli kaçınmaya mı çalışıyorsunuz? Bu durum sizde panik mi yaratıyor? Genelde yalnızlıkla baş edemeyen kişilerde bir tür panik duygusu kendini gösterir. Bu panik halini bastırmak içinse çeşitli şeylere sığınılabilir. Örneğin bu hissin geldiği anlarda çevrede kimse yoksa telefona sarılmak, sosyal medya üzerinden birileriyle mesajlaşmak bir şekilde diğer insanların varlığını hissettirmeye yönelik davranışlardandır.

- Yalnızlıkla ilgili yanlış önyargılara sahip olabilir misiniz? Topluma baktığınızda yalnız olma halinin biraz yadırgandığını da söyleyebiliriz. Örneğin uzun süredir bir ilişkinizin olmaması ya da evlilikle ilgili baskılar etrafınızdaki insanlar ve aileniz tarafından sorgulanıyor olabilir. Böyle bir toplumda büyümenin ve yetişkin olmanın bir sonucu olarak yalnızlık eşittir başarısızlık, mutsuzluk gibi olumsuz karşılıklarla kodlanmış olabilir. Bu yargılar nedeniyle yine korku ve kaygıdan doğan baş edememe gibi bir durumla yüzleşiyor olabilirsiniz.

- Yalnız kaldığınızda aşırı düşünme, kendinize yönelik fazla eleştirel tutum geliştirme, suçluluk, pişmanlık gibi olumsuz duygularla boğuşuyorsanız tüm bunlardan uzaklaşmanın yolu olarak yalnız kalmaktan kaçınma eğilimi geliştirebilirsiniz. Ancak burada tehlikeli bir çıkış söz konusudur: Yalnız kalmamak adına yüzeysel ve sahte insan ilişkileri kurmak! Sırf kendi gerçekliğinizden kaçmak için ilişkilerinizi bir nevi uyuşturucu olarak kullanmaya başlarsınız bu sefer de...

Kendinizle ilgili gerçekçi bir tablo çizdikten sonra yalnızlık kapasitenizi nasıl artıracağınıza yönelmelisiniz. Örneğin bazı şeyleri tek başınıza yapmayı deneyin. Her aktivitede yanınıza eşlik edecek birini bulmaya zorlamayın. İlişkiniz ayrılıkla sonuçlandığında bir süreyi kendi ihtiyaç ve beklentilerinizi gözden geçirmek için ayırın.

Unutmayın ki kendi gerçekliğini keşfedememiş birinin sahici ve derin ilişkiler kurması da zordur. Bu hem kendinize hem de hayatınıza alacağınız insana yapacağınız bir haksızlıktır.

Yeni Bir İlişkiye Başlamaktan Neden Korkuyorum?

Yeni bir ilişkiye başlamanızın önündeki tek engel önceki ilişkilerinizdeki kötü deneyimlerdir. Aldatılma, sürekli tartışma, kıskançlık gibi olumsuz davranışlar nedeniyle kendinizde yeni bir ilişkiye başlayacak heves ve enerjiyi bulmakta zorlanabilirsiniz. Özellikle uzun ilişkilerden sonra alışkanlıklar da yine yeni bir ilişkinin başlamasının önündeki engellerdendir.

Psikolojide yeni bir ilişkide duygusal yakınlık kurma korkusuna philophobia denir. Bu korkudan mustarip olanlarda belli başlı bazı nitelikler görülür:

◊ Tanıştığı ve duygusal yakınlaşma potansiyelinin olduğu kişide sürekli kusur arar ve bunu kanıtlamaya çalışırlar.

◊ İlişkinin başlamasına engel olacak sabote edici davranışlar geliştirirler. Örneğin durduk yere tartışma çıkarmak gibi.

◊ İlişkinin derinleşmesini engellemek için mesafeli davranırlar.

Aslında tüm bu davranışların birer savunma mekanizması olduğunu söyleyebiliriz. Çünkü yeni ilişki demek risk demektir, bu da çoğu insana korkutucu gelir. Kendini korumak isteyen biri ise bu savunma mekanizmalarına sığınır.

- Yeni ilişki demek yeni riskler demektir. Her ilişkinin çeşitli riskler barındırdığını ifade etmiştim. Bu riskleri göze alamadığınızda korku ve kaygılardan dolayı kendinizi yeni sulara bırakmakta zorlanabilirsiniz. Yapmanız gereken kendinize izin vermektir.

- Yeni ilişkiler geçmişinizde söndüğünü sandığınız acıların tekrar ortaya çıkmasına neden olabilir. Özellikle travmatik durumlar varsa yeni ilişkide bunlar tetiklenebilir, bu durumda içinizde beliren bir ses size daha kontrollü ve dikkatli olmanızı söyler. Hatta kaçmanızı bile fısıldayabilir. Yapmanız gereken şey bu sesi susturmak ve geçmişin geleceğinize engel olmasına izin vermemektir.

- Sevilmediğinize dair yanlış bir inanç sizi yeni bir ilişkiye başlamaktan alıkoyabilir. Değersizlik duyguları ailenizden ya da bir önceki ilişkinizden aldığınız bir yükse, ne yaparsanız yapın başarılı ve mutlu olamayacağınıza ya da bunu hak etmeyeceğinize yönelik olumsuz ve çarpık yargılarınızı bozmanız gerekir. Size gerçekten değer veren ve saygı duyan birisini size sürekli olumsuz şeyler fısıldayan içsesinize feda etmeyin. Kendinizdeki değerli yanları görün.

• Kaybetme ve terk edilme korkularınız nedeniyle ilişkiye başlamak istemeyebilirsiniz. Yinelenen mutsuzluklar bir yerden sonra sizi yeniden denemekten alıkoyabilir. Ancak her ilişkinin doğasında mutsuzluk da vardır. Ayrılık, terk edilme bunların hepsi ihtimal dahilindedir. Ancak öte tarafta ilişkinizin farklı bir senaryoda devam edebilme potansiyeli de vardır. Peşin hükümlü olmayın. Bu korkular aynı zamanda ilişkinizde derinleşemememenize de neden olur. Daha konforlu bir yaşam için daha yüzeysel ilişkilerde takılıp kalabilirsiniz. Yapmanız gereken yine kendinize izin vermektir.

• Her yeni ilişkinin bir yandan da kendinizi keşfedeceğiniz bir süreç olduğunu ıskalamayın. Her yeni insanda biraz daha büyürüz ve kendimizi daha iyi tanırız. Deneyimleri ertelemenin hiçbir olumlu tarafı yoktur. Olumsuzluklarla karılaşmamak adına sığınacağınız yalnızlık sizi daha da mutlu etmeyecektir.

• Uzun süreli yalnızlıktan sonra yalnızlığınıza saplanıp kalmış olabilirsiniz. Eğer bu durumdan hoşnutsanız yeni bir ilişkiye yelken açmak sizi zorlayacaktır. Alıştığınız konforlu dünyaya bir ortağın çıkması belki de sizin en son isteyeceğiniz şey. Bu durumda yaşadığınız yalnızlık sürecinin sağlıklı olup olmadığını gözden geçirmelisiniz. Mutlu olduğunuza dair bir yanılsama ile kendinizi soyutlamanın ruhunuza çok da iyi gelmeyeceğini söyleyebiliriz.

• Belki de her şeyi tükettiniz. Şimdiye dek beraberlik kurduğunuz insanlar da dahil elinizde hiçbir şey kalmadı.

Kendinizi dürüstçe eleştirip ilişkiler namına çoğu şeyi gördüğünüzü ve bıktığınızı hissediyorsanız belki de sizin için durma zamanı gelmiştir. Sürekli partner değiştirmenin ya da sadece cinsellik ya da tek boyutlu bir beklenti üzerine inşa edilmiş beraberliklerin ruhunuzda ve psikolojinizde yorgunluk bırakacağı aşikârdır. Böyle bir dönemdeyseniz durup, kendinizi gözden geçirmek için zaman yaratmalı, derinleşebileceğiniz ilişkiler için uygun kişiyi ve anı beklemelisiniz.

Telafisi olmayan tek şeyin zaman olduğunu unutmayın. Göğüskafesinizde heyecan uyandıran kimseyi endişeleriniz ve korkularınız yüzünden kaybetmeyin. Yaşayacağınız güzel zamanları ertelemeyin çünkü her yeni insan yaşamınızda yeni bir parmak izi bırakır. Denemeye değer gördüğünüz her şey sizi ve hayatınızı da zenginleştirir.

Birini Beğendiğimi Belli Etmenin Yolları Var mı?

Eminim hepiniz ilkokul yıllarına döndüğünde hoşlandığı kızın saçını çeken erkek çocuğuna şahit olmuşsunuzdur. Belki de tıpatıp aynısını yaşamışsınızdır da... Yetişkin dünyasında hoşlandığınızı belli etmek çocukluk dönemindeki kadar kolay olmayabilir. Kendinizi bu anlamda cesur hissetmeyebilir ya da reddedilmekten korktuğunuz için direkt söz ve davranışlardan kaçınabilirsiniz. Bazen sözler bedeninizle verdiğiniz cevapların önüne geçer. Kelimelerle duymak istediklerimizi onların yerine tavır ve davranışlar alır.

• Göz teması kurmak birinden hoşlandığınızın en net ifade yollarından biridir. Örneğin bir yemek ya da bir aktivite için bir araya geldiğinizde çok kısa süreli değil ancak çok da uzun olmayan aralıklarla gözlerine bakın. Bu bakışlar aranızda bir çekim yaratacaktır. Ancak dikkat etmeniz gereken şey eğer karşı taraf bundan huzursuz oluyorsa ısrarcı olmamaktır.

• Hoşlandığınız kişinin ilgi alanlarını öğrenin ve bu konuda sohbet açmayı deneyin. Artık sosyal medya sayesinde çevremizde olmayan insanlara dair pek çok bilgiyi edinme imkânımız var. Kitap okumayı seviyorsa kitaplardan, seyahat etmeyi seviyorsa şehirlerden, futbola merakı varsa belki de öncesinde biraz çalışıp yakındaki maçlardan bile söz edebilirsiniz. Konuşulacak ortak konular ve alanlar üzerine yoğunlaşmanız ve sohbette hevesli olmanız onunla ilgilendiğinizi ona hissettirecektir.

• Size anlattığı en ufak bir ayrıntıyı bile hatırlamanız onunla ilgilendiğinizin başka bir göstergesi olacaktır. Örneğin çocukluğuna dair çok basit bir ayrıntıyı hatırladığınızı belli etmek için konuyu buraya getirin. Bu ilgisini çekecek ve kendisini size daha yakın hissedecektir.

• Hayatında merak ettiğiniz şeyler varsa bunu ona sorun. Ancak bu sorular eski sevgililerine yönelik olmasın elbette. Aslında basit gelebilecek ama ona değerli hissettirecek şeylerden seçin sorularınızı. Örneğin büyüdüğü mahalleyi anlatmasını isteyin ya da hiç unutamadığı bir çocukluk anısını sorun. Sanki onun en kıymetli zamanlarının bir koleksiyonunu yapıyormuş gibi görünün. Onun değerli anılarının peşinde olmanız onunla ilgilendiğinizi düşündürecektir.

• Dokunmak hoşlanmanın en net göstergesidir diyebiliriz. Fırsat bulduğunuz bir anda ona dokunmayı deneyin. Fiziksel olarak ona yakın olmanız aranızdaki enerjiyi de büyütecektir. Ancak dokunuşlarınız ilk anlarda olabildiğince masum olmalı. Fazla cüretkâr ve rahatsız edici olmaktan kaçının, bu oldukça itici olacaktır.

• Ona zaman ayırın. Sıradan bir aktivite ya da baş başa bir buluşma fark etmez. Çevrenizde başkaları olsa da onunla ilgileneceğiniz ve konuşacağınız zaman dilimleri yaratın. Yan yana olduğunuz zamanlarda abartıya kaçmadan ilginizin üzerinde olduğunu hissettirin. Fazla boğucu ve yorucu olmaktan mutlaka kaçının. Birbirinizi tanımak için her zaman mesafe bırakın.

• Zaman zaman da ilginizi üzerinden çekip izleyin. Bu gibi durumlarda verdiği tepkiyi ölçün. Siz aramadığınızda ya da bir süre sessizliğe gömüldüğünüzde ne yapıyor? Merak ediyor yazıyor mu? Ya da sessizliğinizi görüp özel olarak sizinle ilgileniyor mu? Arada yaratacağınız ufak boşluklar onun ilgisinin sizin üzerinize de kaymasına yarar. Bu tarz fırsatları mutlaka değerlendirin.

• Sizinle bir şey paylaştığında değerlendirin, üzerine sorular sorun ve şaka yapıyorsa gülün. Anlattıklarının ve şakalarının sizin üzerinizdeki yansımalarını mutlaka karşı tarafa belli edin. Sözcüklerinin sizde bir karşılığını bulamaması sizin ilginizi çekmediğini düşündürecektir. Bu yanlış algıya kapılmasını istemiyorsanız bol reaksiyon gösterin.

• Birlikte vakit geçirdikten sonra ayrılırken mutlaka çok keyif aldığınızı ifade edin ve başka programlar yapma konusundaki hevesinizi belli edin. Onunla daha çok vakit geçirme isteğinizi göstermeniz onunla ilgilendiğinizi gösterecektir.

Erkekler Nasıl Flört Ederler?

Flört, birisine duyduğunuz ilginin ve yakınlaşmanın sergilendiği eğlenceli bir ilişki öncesi dönemdir. Çiftler birbirini tanımaya çalışırlar, yakınlaşmanın olacağına dair belirgin mesajlar vardır.

Reddedilme korkusu nedeniyle doğru sinyalleri yanlış okuma eğilimi geliştirmiş olabilirsiniz. Aslında her şeyiyle sizinle ilgilendiğini gösteren bir erkeğin hali ve tavrı sizi çeşitli sebeplerle ikna edemez. "Acaba bana bir şey mi demek istedi, bana mesaj atması ne anlama geliyor, bakışlarındaki bu tuhaflık da ne?" gibi sorulara anlam veremiyorsanız flört mekanizmalarının inceliklerinden haberdar olmayabilirsiniz.

Bazı araştırmalar ortaya koyuyor ki erkekler bu tip sinyalleri okumaya daha açıklar, kadınlar ise çok daha temkinli davranmaktan yana. Belki de ilk bölümlerde anlattığımız gibi evrimsel bir gerçeklik bu, kadın âşık olduğunda hayatındaki kişinin daha uzun süre yanında kalmasını istiyor. Peki bir erkeğin size olumlu sinyaller gönderdiğini nasıl anlayabilirsiniz?

- Erkekler beğendikleri kadınların yüzüne ve dudaklarına bakarlar. Eğer sizinle konuşurken yüzünüze uzun uzun bakıyorsa ve dudaklarınızdan gözlerini alamıyorsa bu sizinle flört ettiğinin açık bir göstergesidir. Benzer şekilde size yakın durması, dokunması da yine size olan ilgisini belli etmek içindir.

- Sözcüklerden çok beden eleverir aslında bir insanı. Sizin yanınızdayken nasıl davranıyor? Bir erkek beğendiği kadının gözünde ihtişamlı ve etkileyici görünmek ister. Dik duruşuna özen gösteriyorsa, bedenini sergilemeye çalışıyorsa aslında bir nevi güç gösterisi gibi kullanıyorsa bedenini bu sizi etkilemek adına yapılıyordur.

- Buluşmalarında giyimine, kokusuna, saçına ve bakımına çok özen göstermesi sizinle flört ettiğinin başka bir göstergesidir. Hatta kendi görünümüyle ilgili sizden onay almak adına size çeşitli sorular da sorabilir. Örneğin "Bugün saçımı böyle yaptım nasıl olmuş?" ya da "Yeni kokumu sevdin mi?" gibi sorularla sizin reaksiyonlarınızı takibe alabilirler. Bu sinyallerin hepsi onun sizinle flört ettiğini gösterir.

- Sosyal medyada sizi daha yakın takibe alması da flört göstergesidir. Fotoğraflarınızı siz atar atmaz beğenmesi, yorum yapması sizinle ilgilendiği anlamına gelir.

- Size iltifat etmesi açık sinyallerden biridir ancak iltifat etmesinin yanında bazen sizi sinirlendirmeye çalışması da bir diğer işarettir. Erkekler bunu sıkça yaparlar, hoşlandıkları kadında çekim yaratmanın bir yoludur ters köşe yapmak. Eğer sizi özellikle kızdırmak için bazı kapıları zorluyorsa bu beklenmedik durum sizi şaşırtmasın.

- Sizin yanınızdayken bazen kontrolü kaybetmesi, olduğundan daha farklı bir havaya bürünmesi, bazen de saçmalaması flörtün diğer sinyallerindendir. Genelde hoşlandığımız insanların yanında daha etkileyici olmak adına fazladan bir çaba sarf ederiz ancak bu aşırı kontrollü çaba doğal hal ve hareketlerimizi bozar. Bu durumda da saçmalamaya başlayabiliriz.

- Size en özel sırlarını ve derinlerini açması flörtten de öte size güvendiğinin en açık işaretidir. Unutmadığı ve canını acıtan bir anısından bahsetmesi, zayıflıklarından ve korkularından söz etmesi sizi ayrıca kendine yakın bulduğunu da gösterir.

- Hayatınızdaki detaylarla fazlasıyla ilgileniyor, en ufak bir ayrıntıyı dahi atlamıyorsa sizinle flört ediyordur. Ondan istemediğiniz halde bahsettiğiniz bir problemin çözümüne yönelik girişimlerde bulunması da bir diğer işaret. Erkekler kahraman olmak isterler demiştik. Kendilerini sizin gözünüzde kahraman yapacak her detayın peşinde koşan bir erkek sizin kalbinize girmeye çalışıyordur.

- Sizin farkında olmadığınız kişisel özelliklerinize dair saptamalar yapması sizinle flört ettiğini gösterir. Bu sizi dikkatli bir şekilde izlediğinin işaretidir. Olumlu özelliklerinizi size yansıtması ve sizi övmesi sizi beğendiği anlamına gelir.

- Merak ilişki öncesi canlılığın en net göstergesidir. İnsan ilgisini çeken şeyleri merak eder ve daha çok detay bilmek ister. Hayatınızı merak etmesi, size sorular sorması, görüşemediğinizde sıkça mesaj atması ve yoklaması flört sinyallerindendir.

Reddedilmeden Biriyle Nasıl Flört Edebilirim?

Flörtün biyolojisine baktığımızda beğenilme arzusu ve cinsel dürtüler olduğunu görürüz. Kim beğenilmekten hoşlanmaz ki? Baştan çıkarma dürtüsü son derece içgüdüseldir. Farkında olmadan kendimizi beğendirmek için çeşitli taktikler sergileriz.

Her ilişki flörtle başlar ancak bu her flörtün ilişkiye döneceği anlamına da gelmez. Duygusal bağ kurmadan sadece eğlenmek için de flört etmeyi tercih edenler de vardır ancak samimi bağ kurmanın en önemli ayağıdır flört aşaması. Niyetlerin belli edildiği, kalptekilerin ve akıldakilerin açıldığı, yeniliğe şans verdiğiniz sihirli bir yoldur. Bu yolu akıllıca yürürken bir de yol haritasına ihtiyacınız vardır.

Öncelikle korku ve endişelerinizin sizi kontrol etmesine izin vermeyin. Reddedilme korkusu kendinizi en doğal halinizle sergilemenize engel olabilir. Tutukluk yaratan bu durum duygu ve düşüncelerinizi rahatlıkla karşınızdaki kişiye ulaştırmanın önündeki engeldir. İçten içe yeni bir ilişki için adım atmak isteseniz de sizi zincirleyen bu korkulardan kurtulamadığınızda fazla yol alamayacaksınızdır.

Flört aşamasında ayağınıza takılan en büyük taş ilk adımı kimin atıp atmayacağı olur. Eğer kadınsanız ilk adımı erkeğin atması gerektiğine dair bir algıya sahip olabilirsiniz. Açık konuşmak gerekirse artık günümüzde bu tip kabuller pek de geçerli değil. Ancak yine de oyunun bir kuralı olarak bu fırsatı erkeğe vermeyi tercih edebilirsiniz. Erkekler doğası gereği bu adımı atmış olmanın hazzını yaşamak isterler. Ancak fazla temkinli olmak ve olumlu anlamda ilk adımı atamamak da bir süre sonra mevcut potansiyelin daha başlamadan sona ermesine yol açabilir. Bir satranç tahtasındaki taşları hayal edin, oyunu sürdürmeniz için sıra size geldiğinde en iyi taşı oyuna sürmelisiniz. Kontrollü olma çabanız sizi soğuk ve mesafeli gösterebilir, bu da karşı tarafta sizin onunla ilgilenmediğine dair bir algı yaratabilir. İlginizi sürekli canlı tutun, illa ondan adım atmasını bekliyorsanız onu bu konuşmayı yapacak kıvama getirmeye çalışın.

Reddedilme korkusunun altında düşük bir özgüven problemi yatar. Kendinize daima güvenin ve bir ilişkide karşınızdakini mutlu etmeye yetecek değerlere sahip olduğunuzu asla unutmayın. Kimseyi kendinizden daha ulaşılmaz görmeyin. Aksine sizin cesur olmanız onu epey etkileyecektir. Erkek olsun kadın olsun fark etmez, herkes kendine güveni olan insanlardan daima etkilenir. Özgüvenli bir duruş sizin kendinizi onayladığınızın ve sevdiğinizin bir göstergesidir. Kendiyle barışık bir ruh hali etrafınızdaki insanlara da pozitif mesajlar verir.

Bir bozuk parayı havaya attığınızda iki ihtimal vardır: Ya yazı gelecektir ya da tura. İlişkilerin doğasında da bu bozuk paranın havaya fırlatıldıktan sonra ortaya çıkaracağı sonuç gibi doğal ihtimaller söz konusudur. Bu olasılıkları fazla gözünüzde büyütmeden riskleri de göze alarak yola koyulun. Olumsuzluklara ve kötü ihtimallere odaklandığınızda çıkacağınız maceranın keyifli anlarını da gözden kaçırmış olursunuz. Zihninizde sürekli endişe içinde taşıyacağınız bu korku dolu senaryolar tıpkı kendinizi zorla tıktığınız ve kötü bir filmi izlemeye mecbur bıraktığınız sinema salonuna benzer. Film bittiğinde olanların gerçek olmadığını bilirsiniz. Zihninizin size kuracağı tuzakları fark edin. Bazen de işlerin ters gitmesinin sebebi sizin bilerek ya da bilmeyerek bu yola döşediğiniz kapanlardır.

Daima iyimser ve pozitif olmaya odaklanın ve bunu bir sahtelik olarak da görmeyin. İçten dışa, ruhunuzdan dış dünyaya yönelik bir değişimden bahsediyorum. Sürekli yaşamdaki negatifliklere, zorluklara, güçlüklere saplanıp kaldığınızda karamsar bir ruh haline bürünürsünüz. Evet hayat yeterince kolay değil, zaman zaman herkesi inciten tarafları da var. Ama en azından hoşlandığınız kişiyle yan yana olduğunuz vakitlerde biraz olsun pembe gözlüklerinizi takmayı deneyin. Daha ilk anlarda üzerinize konuşacağınız problem ve sıkıntılar karşı tarafta negatif bir algı yaratır. Düşünsenize en mutsuz olduğunuz anda size en çok ne iyi gelir? Sizi huzura sevk edecek, rahatlatacak, bir anlamda ruhunuzda serin ve şefkatli esintilere yol açacak birinin varlığı ilaç gibi olmaz mı? Her ne yaşıyorsanız yaşayın, flört aşamasında iken dertleri ve tasaları bir süreliğine bir odaya kilitleyin. Belki de size iyi gelecek olan flört sürecinde onlar da size eskisi gibi sıkıntı verici gelmeyecektir. Unutmayın her şey bakış açısında gizlenir.

Flörtle trip atmayı sakın birbirine karıştırmayın. İlgiyi üzerinizde canlı olarak tutmanın yolu asla bu değildir. Küsmek, alınmak, mızmızlanmak yeni başlayacak bir ilişkinin katillerindendir. Bu tarz davranışlar sergilemeniz karşı tarafta yorucu bir insan olduğunuz izlenimini uyandırır. Bu tip engelleyemediğiniz davranışlarınızın ardında yatan nedenleri bulup çıkarın. Annenize, babanıza ya da çok yakınınızdaki insanlarla aranızdaki koşulsuz sevgi bu tip davranışları kaldırabilir ancak yeni bir insan söz konusu olduğunda bunları terk etmeniz gereklidir. Öğrenilmiş her metodun her ilişkide işe yaramayacağını bilin.

İlk Buluşmada Nasıl Bir Yol İzlemeliyim?

Yeni bir insanla yapacağınız ilk buluşma heyecan vericidir. Eliniz ayağınız tabiri caizse birbirine dolanır, ne giyeceğinizi, nelerden bahsedeceğinizi, nerede buluşacağınızı düşünürsünüz. Tüm detaylar sanki tek tek ele almanız gereken öneme sahip gibi gelir ve aslında biraz da öyledir.

Dikkat etmeniz gereken şeylere gelmeden önce ilk buluşmanın en önemli püf noktası olabildiğinizce kendiniz ve rahat olmanızdır. Asla olduğunuzdan farklı biri gibi görünmeye çalışmayın.

• Buluşacağınız yere göre uygun bir kıyafet seçimi ile işe başlayın. Mutlaka duşunuzu alın ve güzel koktuğunuzdan emin olun. Saçlarınız bakımlı olsun, kadınlar abartılı olmamak kaydıyla makyajını yapabilirler. Eğer akşam şık bir yerde yemekte buluşacaksanız gitmeden önce internetten mekânı kısaca bir inceleyin. Mekânın tarzına uygun bir seçim yapın. Salaş bir yerde aşırı rüküş bir kıyafetle bulunmak etrafınızdakilerin bakışlarını üzerinizde toplamanıza ve huzursuz olmanıza yol açabilir. Spor, sade ya da şık fark etmez kendi tarzınızı yaratacak bir izlenim vermek sizi de rahat hissettirir. Mümkün olduğunca içinde rahat hissedeceğiniz şeyleri tercih edin. İçine girmekte zorlanacağız bir etek, sürekli dekoltesini çekiştireceğiniz bir bluz ya da ayaklarınızı sıkan devasa topukluları tercih etmeyin. Üstelik bu haller karşınızdakinin ilgisini de farklı yönlere çekecektir.

• Dişlerinizin, tırnaklarınızın bakımlı olmasına özen gösterin. Ağız kokusundan mustaripseniz gitmeden önleminizi alın, naneli şeker ya da ağız suları kullanmak işinize yarayacaktır.

• Parfüm banyosu yapmayın. Sadece yakından alınabilecek parfüm kokusu yeterlidir. Abartıp aşırı sıkmak fazlasıyla rahatsız edici olacaktır.

• Buluşmaya vakitlice gitmeye çalışın. İlk buluşmada beklemek ve bekletmek hoş olmayacaktır. Geç kalma ihtimali belirdiyse mutlaka öncesinde özür dileyerek haber verin.

• Bir araya geldiğinizde telefonunuzu sessize alın. İlk buluşmada sürekli bölünmek atmosferinizi gölgeleyecektir. İlginiz sadece karşınızdakinde olsun. Eğer halletmeniz gereken önemli bir şey varsa bunu kısaca izah ederek ondan izin isteyin ve sonrasında tekrar ilginizin bu konuya kaymasına izin vermeyin. Sürekli başka şeylerle ilgilenmeniz, yoğun gündeminizi ilk buluşmaya taşımanız olumlu bir algı yaratmayacaktır.

- İlk buluşmalar biraz gerginlik yaratır. Ama unutmayın gergin olan sadece siz değilsiniz, karşınızdaki de en az sizin kadar gergin ve bu durumu hiç çaktırmıyor olabilir. Bu havayı dağıtmanın en kolay yolu soru sormaktır. Günün nasıl geçti ya da ne içmemi önerirsin gibi sorularla hem onu tanımanın yolunu açmış hem de sessizliği bozmuş olursunuz. Aldığınız yanıtların mutlaka karşılığını verin. Sessizlik ve tutukluk zor bir buluşmanın olacağını gösterir. Rahat olun. Kendinizden bahsetmek de sohbeti sürdürmenin başka bir yoludur.

- İlk buluşmada hemen her şeyinizi ortaya sermeyin, biraz gizemli taraflar bırakın. Geçmişinizdeki anıların bir anda ortaya serilmesinin bir anlamı olmayacaktır. Acele etmeden kendinizi açın.

- İlk buluşmada asla yapılmaması gereken şeylerden biri eski ilişkilerden söz etmektir. Hele kötü bir ayrılık varsa bu konuyu teğet geçmenizi öneririm. Bu konular ilerleyen günlerin meselesidir. Birbirinizi tanımak yerine geçmişin kirli çamaşırlarını karıştırmak yanlış algılar gelişmesine neden olabilir. Hem kim eski sevgilisinden şahane bir şekilde bahseder ki? Bu çok az insana kısmet olacak bir şeydir. Acılar, kavgalar, aldatmalarla dolu bir geçmişi anlatmaya koyulduğunuzda kendinizle ilgili pek çok zaafınızı da açık etmiş olursunuz. Üstelik sürekli eski ilişkinizden bahsetmeniz sizin yeni bir ilişkiye hazır olmadığınız algısını da yaratabilir. Düşünsenize karşınızda yeni biri var ve siz ona sürekli unutamadığınız eski sevgilinizden bahsediyorsunuz. Ancak diyelim eski sevgilinizle ilgili bir soru geldi ne yapacaksınız? Bu durumda da meseleyi olabildiğince kısaca özetleyen birkaç cümle ile izah edin. Kızgınlık, nefret gibi duygulardan izler yansıtmayın.

- Küstah ve sert tavırlar sergileyen biri oldukça iticidir. Mekândaki garsonlara, etrafınızdaki insanlara özenli ve kibar davranmaya çalışın. Eğer bir yemekteyseniz beğenmediğiniz bir durumu garsona nazikçe izah edin, asla kızgınlıkla ve kaba tavırlarla yapmayın bunu. Özellikle kadınlar bu konuda oldukça dikkatlidirler. Dışarıya karşı kaba saba davranan bir erkek hiçbir kadın için çekici olmayacaktır.

- Flörtün de kurallarından biri olan en önemli şey karşınızdakine ilk buluşmada dert anlatmamaktır. Buluştuğunuz kişi sizin anneniz, psikoloğunuz ya da yakın dostunuz değil. Sizi bunaltan bir şey varsa kapının dışında kalsın.

- Kadınlar deneyimli ve donanımlı erkeklerle olmaktan mutlu olurlar ve bu cezp edicidir. Eğer bir kadınla buluşmak üzereyseniz onu etkilemenin yollarını da düşünmelisiniz ama bu sadece laflar ya da dış görünümle olmamalıdır. Örneğin buluştuğunuz mekân bildiğiniz bir yer olsun, mönüsüne çalışmış olun, yemeklerle, içeçeklerle ilgili olarak karşınızdakini yönlendirin. Bu her zaman etkileyici bir taktiktir.

- Soğuk, gergin ve huzursuz görünümden kurtulun. İşin eğlencesinin farkında olun ve gülümseyin. Buz gibi bir buluşma istemiyorsanız ortamı ısıtacak bir havanız olsun.

- Elbette en önemli konulardan birisi de hesabı kim ödeyecek sorusudur. Burada altın kural eğer kadınsanız bırakın ilk buluşmayı o ödesin. Sonraki buluşmalarında Alman hesabı önerebilirsiniz. Ancak ilk buluşma erkekler için çoğu zaman bir güç gösterisidir. Hesabı ödemek de bu gösterinin parçalarından biridir.

- İkinci buluşma için aşırı istekli olmayın, bırakın sohbet esnasında kendiliğinden gelişsin. Eğer konusu geçmezse üstelemeyin. Ayrıldıktan sonraki süreci izleyin. Eğer size olan ilgisi devam ediyorsa yeni bir buluşma için mutlaka iletişime geçecektir.

- İlk buluşma beklenenden daha sıcak geçiyorsa ve size dokunmak konusunda daha cüretkâr davranıyorsa eğer istiyorsanız açık olmayı seçebilirsiniz. Ancak başlangıçtaki gizemli tavrınızı korumak ve çekimi biraz daha artırmak istiyorsanız taktiksel olarak daha uzak durmayı tercih edebilirsiniz. Büyüyü hemen bozmak istemesiniz öyle değil mi?

- İlk buluşmada öpüşmeli miyim öpüşmemeli miyim sorusu gerilim yaratan anlardan başka biridir. Benim hakkında ne düşünür, yanlış mı algılar gibi korkular zihninize üşüşebilir. Çok erken olsa da masum bir sevgi ifadesi olarak buluşmanızı taçlandırmak isteyebilirsiniz ancak aranızdaki etkileşimi artırmak için biraz geri çekilip, ellerini tutup ne kadar harika vakit geçirdiğinizi söyleyerek gözlerine bakabilirsiniz. Böylece hem reddetmemiş hem de "İlerleyen zamanlarda neden olmasın?" demiş olursunuz.

İlişkiye Başlamadan Önce Kaç Kez Buluşmak Gerekir?

İlişkinizin nasıl bir yönde seyredeceğinin rotası hakkında ilk buluşmada aslında bazı veriler elde etmiş olursunuz. Buluşmanız sizi mutlu etti mi, onu tanıma merakınız gitgide artıyor mu, onu görme isteğiyle dolup taşıyor musunuz? Bu ilk izlenimin olumlu olduğunun işaretleridir.

Şimdi devamının gelmesini istiyorsunuz ve hemen her şeyin daha oturaklı bir hale bürünmesi arzusundasınız. İkinci buluşma işin biraz daha ciddi olduğu zaman dilimidir. İlk buluşmanın acemiliklerinden ziyade birbirinize daha odaklanmış olursunuz.

İlk buluşmanın olumlu geçmesi sizi hemen ilişkiye başlama konusunda telaşlandırmamalı. Birbirinizi yeterince tanıyacak kadar zamana ihtiyacınız olduğu kesin. Kafanızda bu şekilde bir şartlanmaya girmek sizi aceleci gösterir ve bu da karşı tarafı ürkütebilir.

Bırakın her şey doğal akışında seyretsin. Aceleci davranmak ya da yaşadığınızı hemen bir şablona oturtmaya çalışmak daha başlamadan tökezlemenize yol açar. Hedefiniz yaşadığınız şeye hemen bir isim takmak olmasın, yolun keyfini sürün.

Sonraki buluşmalarda iki birey olarak birbirinizi daha net sergiler ve gözlemlersiniz. İlkinden çok daha anlamlı olan buluşmalar temel motivasyon sebebinizi de bulmanızı sağlar. Onunla neden görüşmek arzusu duyuyorsunuz, onu size çeken şey ne? İlk randevuda kabaca edindiğiniz fikirleri zaman içinde sindirip doğru okumalar yapıp yapmadığınızı anlamak için kendinize zaman verin. Ortak fikirler, hayattan beklentiler, yaşama bakış açınız ve hedeflerinizin ne olduğuna dair kesin kanıları sonraki aşamalarda öğrenirsiniz.

Dolayısıyla bir ilişkinin başlamasına yetecek kadar vakit geçirdiğinizde zaten her şey kendiliğinden şekillenecektir.

Neden Sorunlu Tipleri Hayatıma Çekiyorum?

İlişkilerinizde benzer deneyimleri yaşadığınızı fark ettiğinizde zihninizde benzer cümleler dolanır durur: "Nerede sorunlu insan var hep beni buluyor!" Sahiden de düşündüğünüz gibi sorunlu insanlar mı sizi buluyor yoksa siz mi sorunlu insanları hayatınıza çekiyorsunuz?

İlişkiler sadece bugününüze ait kişiliğinizin ve yaşamınızın izlerini barındırmaz. Geçmişiniz de bugünün bir parçasıdır ve sizi, anınızı, bugünkü yaşamınızı ortaya çıkaran her şey sizin geçmişten taşıdıklarınızla örülür. Sürekli sorunlu kişilerle uğraştığınızdan şikâyetçiyseniz nedenlerini dönüp geçmişinizde aramanız gerekir.

Aynı üzücü filmi tekrar tekrar izlediğinizi fark ettiyseniz bu zihninize kodlanmış bir ilişki şablonunun olduğu anlamına gelir. Ya daha önceki ilişkinizden kazınmış şeyler ya da çocukluğunuzda, yetiştiğiniz ortamda gördükleriniz bu şablonu meydana getirir. Örneğin berbat bir ilişki yaşadınız ve ayrıldınız. Bir sonraki ilişkide en büyük motivasyonunuz tekrar aynı şeyleri yaşamamak ve mutlu olmaktır. Ancak yine benzer karakter özelliklerindeki birisini hayatınıza alarak farklı sonuç elde etmeye çalışırsınız. Ne yazık ki sonuç yine hüsrandır.

Yinelenen bu başarısız girişimin altında sizin önceki ilişkinizi tamir etme arzunuz yatıyor olabilir. Bu başarısızlığı ortadan kaldırmak için yine benzer özelliklerdeki biriyle denemek istersiniz şansınızı.

"Arıza tipler" olarak tarif edilen insanları neden hayatınıza çektiğinizi sorguluyorsanız bunun altında da aslında kalıcı ve uzun bir ilişki istemediğiniz gerçeği var olabilir. Örneğin evlenmeyi ciddi olarak düşünmüyorsanız bu sorumluluğu halihazırda yüklenemeyecek insanları hayatınıza alırsınız. Bazen evli insanlar bazen de henüz sorumluluk bilinci gelişmemiş ya da ciddi bir ilişkiyi sahiplenmeye yanaşmayan birine yönelmeniz bu nedenledir.

Elbette çocukluk dönemi yaşantıları da bu süreçte oldukça etkilidir. Eğer aile ortamında anne babanızın arasındaki ilişkiye bakıp bunu kendinize şablon edindiyseniz benzer deneyimi kendi hayatınıza taşımanız kuvvetle muhtemeldir. Örneğin alkolik bir babanın kızının alkol bağımlısı biriyle beraber olmasındaki gibi. Burada yine baba ile olan geçmiş yaşantıyı çözümleme takıntısı söz konusudur. Elbette bunlar bilinç düzeyinde algılanmazlar ancak bilinçaltınız sizi bu yöne doğru iter. Şiddetin, öfkenin var olduğu bir evde büyümenin sonucu ilişkilerde de benzer davranışlar sergileyen biriyle beraberlik yaşayarak çocukluk travmasını çözmek isteme çabası kendini gösterir. Yani yapılmak istenen geçmişin yaralarını sarmaktır. Her yeni ilişkide bize yük olan bir safrayı atmak isteriz. Oysa çözümü yanlış yerlerde ararız. Elbette ilişkiler kendimizi tanımak ve onarmak için müthiş fırsatlar sunar bizlere ama tekrarlayan kısırdöngülere hapsolduğunuzda çözümü başka yerlerde aramak gerekir.

Terapi süreçleri bu gibi konularda oldukça işe yararlar. Kendinizin bile fark etmediği derinliklere inmenize yardımcı olurlar. Dilinizde sürekli tekrarladığınız "Ben aslında mutlu olmak istiyorum" cümlesi sadece lafta kalmamış ve gerçek manada hayata geçirilmiş bir eylem haline gelir.

Sorunlu ilişkilerde hapsolmanıza neden olan şeylerden birisi de karşınızdakini değiştireceğinize yönelik yanlış inançtır. "Ben onu değiştiririm" saplantısı sizin sürekli sorunlu insanları tamir etme uğraşınıza dönüşebilir. Unutmayın ki kimseyi kurtarmak ve değiştirmek gibi bir sorumluluğunuz yok. Bu tip bir zaafı özellikle karşı tarafınızdaki fark ettiğinde bunu bir manipülasyon aracına çevirmesi de muhtemeldir. Sizinle aynı şarkıyı söyleyecek insanlar var, berbat bir koronun bir parçası olmak zorunda değilsiniz.

İstanbul doğumlu olan Uzman Klinik Psikolog Esra Ezmeci, İstanbul Haliç Üniversitesi Fen Edebiyat Fakültesi Psikoloji Bölümü'nü birincilikle tamamlamıştır. İstanbul Çapa Devlet Hastanesi Psikiyatri Bölümü'nde stajını tamamlayan Esra Ezmeci, Haliç Üniversitesi'nde yüksek lisansını bitirdikten sonra İstanbul Zeytinburnu Balıklı Rum Hastanesi'nde Bağımlılık ve Psikiyatri Bölümü'nde uzun süre uzman klinik psikolog olarak görev yapmıştır. Şu an halen adli bilimler doktora eğitimine devam etmektedir.

Bağımlılık tedavisi, aile/ilişki/evlilik danışmanlığı, ergen psikolojisi, bireysel danışmanlık üzerine çeşitli konularda danışmanlık ve tedavi çalışmaları yürütmektedir. Kendi geliştirdiği geçmiş temizleme terapisi ile oldukça başarılı sonuçlar almıştır. Çok sayıda televizyon kanalında programlar hazırlayıp sunmuş ve çeşitli mecralarda psikoloji üzerine yazılar yazmıştır. Yazarın *Süt Lekesi* ve *Düştüğünde Kalkarsan Hayat Güzeldir* isimli Destek Yayınları'ndan çıkmış iki kitabı daha bulunmaktadır.

KEVIN ASHTON

BİR ATI KANATLANDIRMA SANATI

Yaratmanın, İcadın ve Keşfin Gizli Tarihi

Araştırma/Çev.: Aslı Perker/400 sayfa/ISBN 978-605-311-487-1

İcatlar ve keşiflerin nasıl ortaya çıktığına dair efsaneler vardır. Şiirler rüyalarda yazılır. Senfoniler bir anda bestelenir. Bilim "Buldum!" nidalarıyla doludur. Sorunlar bir anlık sihirli dokunuşlarla çözülür. Başta bir şey yoktur, sonra bir anda oluşur. Büyük buluşların bizlere dehalar tarafından çeşitli mucizelerle getirilmiş olduğunu düşünmek son derece çekici gelir.

Oysa biz hiçbir şey olma halinden "yeni"ye gelen yolu görmeyiz, görmek de istemeyiz. Sanatkârlık puslu bir sihirdir adeta, alınteri dökülmez. Her üstün denklemin, güzel resmin, büyük bir aklın ürünü olan makinenin çaba ve yanlışlıklar, kötü başlangıçlar ve başarısızlıklar sonucu doğduğunu, her bir mucidin bizler kadar kusurlu, küçük ve ölümlü olduğunu düşünmek biz tutkulu romantikleri sıkar.

Yaratıcılık efsanesi sadece bazı insanların yaratıcı olduğunu ima eder. Çok az insanda bu deha vardır ve onlar için de yaratıcılık son derece kolaydır. Diğerlerinin çabaları nafiledir.

Peki bu efsaneler nerede çöker? Yaratıcılığın sihirli değneği sadece özel insanların mı eline tutuşturulmuştur? Yaratıcı zekâya ulaşmanın kılavuzu var mıdır?

Yaratıcılık sihir midir yoksa ev yapımı bir iksir mi?

MICHAEL LARGO

BİTKİLERİN GİZLİ DÜNYASI

Araştırma/Çev.: Seza Özdemir/400 sayfa/ISBN 978-625-441-284-4

Botaniğin bahçesinde eşsiz bir gezintiye var mısınız?

Bitkiler savunma mekanizmalarını nasıl geliştirirler? Patates insanlık tarihini nasıl değiştirmiştir? Şifalı bitkiler nasıl keşfedilmiştir? Bir çiçek insanı gerçekten bir zombiye dönüştürebilir mi? Mabet ağacının kötü kokusu nereden gelir?

Bitkilerin Gizli Dünyası adlı bu kitap, bitkiler âlemine dair akıl almaz pek çok soruya inanılmaz yanıtlar veriyor. Ödüllü yazar Michael Largo, bu kitapta sizi tarihe tanıklık eden zeytinden istilacı su sümbülüne kadar yüzlerce bitki türünün tarihi, davranışları ve tarımsal evrimi üzerine merak uyandıran bir yolculuğa çıkarıyor.

Bitkilerin Gizli Dünyası'nda sihirli mantarlar, süper besinler, zehirli çaylar, her derde deva otlar ve inanılmaz lezzetli meyveler hakkında mitolojik, folklorik, tıbbi, dini ve bilimsel birçok bilgi edineceksiniz. Halklar arasında savaşlara sebep olan çok değerli bitkileri öğrenecek, geçirdikleri evrim süreciyle hayvanları yanıltarak bugüne kadar hayatta kalabilen türlerin hikâyelerini okuyacak, bir tutamıyla bile sizi anında öldürebilecek otları yakından tanıyacaksınız. 140'tan fazla illüstrasyonla tasvir edilen ve A'dan Z'ye sıralanmış bu ansiklopedik kitap büyüleyici bitkiler âlemine bakış açınızı değiştirecek.

"İncelikle yazılmış olan bu kitap botaniğe meraklı, tuhaf ve faydalı bitkilerin geniş yelpazesi hakkında bilgilere göz atmaktan keyif alacak tüm okurların ilgisini çekecek."
– Library Journal

"Geleneksel bitkibilim, yetiştirme önerileri, modern bilim ve beslenme hakkındaki bu acayip derlemede Largo, bitkiler dünyasının esrarengiz ve nefis gizlerini paylaşıyor."
– Publisher Weekly

"Bir çocuk bahçesinde görebileceğiniz coşkunun somutlaşmış hali."
– Wall Street Journal

ANDRÉS PASCUAL & ECEQUIEL BARRICART

AYI KAPLAN EJDERHA

Kişisel Gelişim/Çev.: Didem Demirci Altun/144 sayfa/ISBN 978-605-311-444-4

İçinizdeki Üç Hayvanın Farkına Varın

İçimizde üç hayvan yaşar: ayı, kaplan ve ejderha.

Ayı, duygularımızı yönetir ve bize sevme yetisi verir; kaplan, hareketlerimizi kontrol eder ve varlıklar dünyasında hedeflerimize ulaşmamızı sağlar; ejderha ise gökyüzünden hayatımızı izler ve bize anlam katacak amacı görmemizi sağlar.

Onların varlıklarını inkâr edersek dengenin yolunu tıkayan üç büyük kötülüğe yani korku, stres ve boşluk hissine yol açan sürekli bir mücadeleye sürükleniriz. Fakat bu üçlünün farkına vardığımızda her şey değişir. Elimize, hayatımızı yoluna sokacak üç büyük güç geçer.

Eğer onları doğru beslerseniz, savaşmayı bırakırlar ve çatışma bittiğinde, niteliklerini sizi kişisel doyuma ulaştırmak için kullanmaya başlarlar. Ayınıza sarıldığınızda yeteneklerinizin ötesine gider ve kendinizi eşsiz hissedersiniz; kaplan pençesini gösterdiğinde her geçen gün daha kompleksiz bir şekilde ilerlersiniz; ejderha yol almak için yükselip görüşünüzü keskinleştirdiğinde duygu dalgalarında gelip geçici olaylar tarafından sürüklenmeyerek gerçek olanı görürsünüz.

Tek bedende üç güç. Yenilmez olanın sırrı budur.